K. O. SCHMIDT

Kraft durch Schweigen

K. O. Schmidt

Kraft
durch Schweigen

Praxis der Heil-Meditationen

Ein Adela Curtis-Brevier

FRICK VERLAG GmbH – Postfach 447
D-75104 PFORZHEIM

Bibliografische Information Der Deutschen Bibliothek
Die Deutsche Bibliothek verzeichnet diese Publikation in der
Deutschen Nationalbibliografie; detaillierte bibliografische Da-
ten sind im Internet über http://dnb.ddb.de abrufbar

2014
Zweite Auflage

Covergestaltung: Brigitte Jach
Coverfoto: © Walter Schneider

Druck: SOWA Sp. Z o.o., Warszawa, Polska

ISBN 978-3-920780-40-5

Inhaltsverzeichnis

Geleitwort

Schule des heilenden Schweigens

Jeder Mensch könnte zufriedener, an Leib und Seele gesünder und glücklicher leben, wenn er lernen würde, sich die Kraft des Schweigens dienen zu lassen.

Mit Recht wies der große Rabbi von Nazareth, Jesus Christus, auf die Notwendigkeit und den Segen zeitweiser Abgeschiedenheit und Einkehr in die Stille hin: „Wachet, betet und schweiget!" Denn nur im Schweigen der Sinne und Gedanken naht der Mensch sich dem Ewigen und gelangt zur Selbstbesinnung und Erkraftung von innen her.

Nur der Schweigende reift der Vollendung entgegen.

Nur im Schweigen vernimmt er die Stille der Stille, das ewige Wort.

Nur im Schweigen wird er des Kraftquells der Stille inne, aus dem bislang nur die Wenigen schöpfen, die um den Segen des Schweigens wissen.

Den anderen suchte der Dichter und Mystiker Gustav Meyrink bewusst zu machen, dass „die Redenden Gott fern bleiben, der nur im Schweigenden Wohnung nimmt".

Jeder wahre Fortschritt im Leben, jede Vervollkommnung und jede Heilwerdung vollzieht sich nur im Schweigen. Alles Große wächst aus der Stille, in der das Bewusstsein sich nach innen öffnet, erweitert und empfänglich wird für die Inspiration – die Gaben des Geistes –, die dem Alltagsverhafteten unwahrnehmbar bleiben.

Der Schweigende gewahrt, dass das lautlose Räderwerk des Schicksals ihm dient, während es die Lauten und Lärmenden, die noch Ungestillten und Giergejagten zwingt, ihm zu folgen. Der Schweigende erkennt die innere Ordnung allen Lebens und Geschehens in ihrer Gesetzmäßigkeit und Weisheit.

Der Schweigende betritt jene Leiter, die ihn über sich selbst hinausführt – von der schicksalsblinden Ich-Persönlichkeit zur Weisheit seiner tiefinneren Individualität: seines unteilbaren und unverweslichen göttlichen Selbst.

Er erlangt jene Freiheit der Kinder Gottes, die ihn entsündigt und entsühnt und mit den Heilströmen des Geistes durchflutet, die bis in den Körper hinein wirken und ihn gesunden lassen.

Es liegt bei jedem selbst, ob und wann er – im Kraftfeld des Schweigens – aus dem bloßen Da-Sein zum wirklichen Leben aus dem Geiste erwacht.

Möge diese Schule des heilenden Schweigens vielen Licht- und Wahrheits-Suchern zur geistigen Reifung und Heilwerdung, zur Erleuchtung und zur Selbstverwirklichung verhelfen!

FRA TIBERIANUS

Einleitung

Schule des Schweigens

„O achte oft darauf, den Körper nicht zu rühren; die Wirkung wirst du gleich wohltätig in dir spüren. Doch nicht den Körper nur, den Geist lass stillestehn, soll Gottes Kraft in dir gar herrlich aufergehn." J. F. Finck

Stille und Schweigen sind für viele Menschen Fremdwörter geworden, unter denen sie sich nichts Greifbares vorzustellen vermögen, weil sie, ganz an die lärmende Außenwelt hingegeben, die innere Stille und den Segen des Schweigens selten oder gar nicht erfahren haben.

... Ruhelos jagen sie dem Wohlergehen und Glücklichsein nach – und bleiben Gejagte: von eigenen und fremden Gedanken und Wünschen, von Gier und Verlangen bald hierhin, bald dorthin Getriebene und Gehetzte ...

Weil sie nicht zur Besinnung kommen, finden sie nicht zum Sinn ihres Daseins, geschweige denn zu sich selbst.

Sie plagen sich unablässig mit Ängsten und Sorgen, Gebrechen und Nöten, Schmerzen und Leiden, weil sie die befreiende und erlösende *Heilkraft des Schweigens* nicht kennen.

Ihnen wird hier eine Selbsthilfe erschlossen, der sie sich jederzeit zu ihrem Besten bedienen können – eine Hilfe, die keine Mühe kostet, da sie nur *Lassen* erfordert: das sich Überlassen an den stillen Frieden des Innern.

Friedrich *Schiller* nannte das Schweigen den „Gott der Glücklichen", und Joseph von *Eichendorff* pries in seinem Morgengebet das „wunderbare tiefe Schweigen", in dem er sich wie neu geschaffen fühlte. Für ihn war das Schweigen ein stilles In-sich-Entsinken, ein Horchen auf die Stimme des Innern, ein

Innewerden des inneren Friedens und des Einsseins mit dem Ewigen.

Gleich ihm haben viele erkannt, dass die Stille im gleichen Maße Kraft gibt, wie Unruhe und Lärm Kraft rauben, und dass der Mensch erst im Schweigen die Wirklichkeit berührt.

Adela Curtis

Meister des Schweigens waren zu allen Zeiten die Mystiker in Ost und West. Dass jeder gleich ihnen durch das Stillewerden zu neuer Kraft, zur Selbstbesinnung und Selbstverwirklichung gelangen kann, hat die englische Mystikerin, Psychologin und Begründerin der „Schule des Schweigens" gezeigt: *Adela Curtis*.

Ihr grundlegendes Werk „The New Mysticism", in dem sie sechs Vorträge zusammenfasste, die sie im November 1906 in Kensington und Cobham (Surrey) hielt, erschien im gleichen Jahre in London und löste in den angelsächsischen Ländern ein außergewöhnliches Echo aus.

Der „Neuen Mystik" folgten weitere Werke wie „Der Weg des Schweigens", die von 1921 an auch deutsch erschienen und mehrere Auflagen erlebten, nachdem Graf Hermann *Keyserling* in seinem „Reisetagebuch eines Philosophen" so entschieden für die von ihr vertretene dynamische Methodik des New Thought (Neugeist) eingetreten war. Er schrieb damals:

„Ich erblicke im New Thought, speziell in der Gestaltung, die Adela *Curtis* ihm gegeben hat, die einzige auf Mystik fußende religiöse Bewegung unserer Zeit, die sich der Mehrzahl förderlich erweisen wird. In ihr allein wird sowohl verständlich als methodisch auf Verinnerlichung und Spiritualisierung hingearbeitet; in ihr allein ist das Wesentliche klar erkannt; in ihr allein werden keine psychologischen Fehler begangen.

... Jedes Mal, wenn ich die Schriften der Begründerin der Schule des Schweigens wieder las, staunte ich aufs Neue über die Tiefe der Selbsterkenntnis, die sie beseelt. Sie hat so tief Wurzel gefasst in ihrem Wesen, dass ihr persönlicher Glaube ihr nur ein Ausdrucksmittel ist, und dass man ihr zustimmen kann, auch wo man ihre christlichen Voraussetzungen nicht teilt. Was sie lehrt, ist wesentlich wahr, umso mehr, als der Weg, den sie angibt, schnurgerade ‚zum Einen, das Not tut', hinführt ...

... Diese Mystik hat vom Standpunkt des Westens vor der Theosophie noch einen weiteren Vorzug empirischen Charakters, der für den Erfolg entscheidend ins Gewicht fallen dürfte: sie ist eine logisch mögliche Fortbildung des Christentums, ist – obschon auf der Weisheit des Ostens fußend – von ihr inspiriert, tatchristlich dem Geist nach und verwendet keine fremdländischen Vorstellungen ...

... Selbstverwirklichung ist uns nur im Rahmen vertrauter Vorstellungen möglich. In fremder Sprache kann man sich nicht ausdrücken, muss man überdies zu viel Aufmerksamkeit auf die Mittel verwenden. Deshalb haben weder Buddha noch Christus das vorhandene Gesetz ‚aufheben‘, sondern nur ‚erfüllen‘ wollen ...

... Nun sind uns Westländern die indischen Vorstellungskreise fremd; die meisten sind unfähig, ein inneres Verhältnis zu ihnen zu gewinnen. Ferner sind wir alle physiologisch Christen, ob unser Bewusstsein dies anerkennt oder nicht. So hat jede Lehre, die im christlichen Geist fortbaut, mehr Aussicht, unser Innerstes zu ergreifen, als eine noch so tiefsinnige von fremdem Stamm ...

... Den vollen Wert dieser Schweige-Praxis wird freilich nicht der noch so aufmerksame Leser beurteilen und ausschöpfen, sondern nur, wer die in ihnen enthaltenen Lehren eine Weile praktiziert – wie denn kein Mystiker auf anderem Wege verstanden werden kann ...“

Graf Keyserling war es auch, der Elisabeth von Brasch, als er 1912 von seiner Weltreise nach Deutschland zurückkehrte, mit dem Werk von Adela Curtis bekannt machte als etwas, das als *sichere Wegweisung zu höherem Menschentum* für die Zukunft von größter Bedeutung sein werde.

Elisabeth von Brasch griff seine Anregung auf und befasste sich mit den Schriften von Adela Curtis. Sie berichtet darüber:

„Ich war vom ersten Augenblick an tief ergriffen, meine Frage nach dem *Wege* hier in so vollkommener Weise beantwortet zu finden. Die vielen anderen geistigen Bewegungen hatten mich in keiner Weise befriedigen können. Zugleich stieg in mir der Wunsch auf, die Werke zu übersetzen, ja, es war ein Gebot der inneren Stimme. Graf Keyserling ermutigte mich dazu ...

... Während der Arbeit wurde mir klar, dass ich Miss Curtis kennen lernen und vieles mit ihr besprechen müsste. So reiste ich im Frühjahr 1914 mit meiner Übersetzung der ‚Neuen Mystik‘ nach London. Dort erfuhr ich, dass Adela Curtis kein Wort deutsch versteht. Von dieser Sorge erfüllt, betrat ich ihr Zimmer. Ihre ersten Worte, die sie an mich richtete, waren die unmittelbare Antwort darauf. ‚Never mind what we speak, we get it all subconsciously‘: ‚Es ist belanglos, was wir sprechen; es wird uns doch alles unterbewusst zuteil.‘ ...

... Auf weiten Wanderungen haben wir dann über die ‚Neue Mystik‘ gesprochen. Sie verkörpert sie in vollkommener Weise. Wenn man ihrer Stimme lauscht oder in ihre leuchtenden Augen blickt, wird einem klar, was es bedeutet, ein vergeistigter Mensch zu sein ...

... In London wurde ich im Klub des Schweigens als Gast aufgenommen. Ich beobachtete bei allen die gleiche lebensvolle, lebenbejahende Einstellung. Nach einem Vortrag wurde eine Meditation gegeben, erklärt und dann eine Stunde in vollkommenem Schweigen verharrt. Die Gemeinsamkeit des Angestrebten schien die Verwirklichung zu erleichtern. Es war, als würde die Atmosphäre des Hingegebenseins jeden tragen ...

... Nach zwei Wochen musste ich leider abreisen. Dann brach der Krieg aus und ich war in meiner baltischen Heimat von der Welt abgeschnitten. Ich bin in vielen Gefahren wunderbar beschirmt worden und nach dem Kriege vor dem Bolschewismus nach Deutschland geflohen. Mein Manuskript hatte ich gerettet. Jetzt war endlich die Zeit gekommen, es zu veröffentlichen.“

So geschah es dann auch. Parallel dazu erschien im November 1924 dann die erste Ausgabe der die Kerngedanken der Schweigekunst zusammenfassenden kleinen „Schule des Schweigens“ als Band 18 der „Bücher der Weißen Fahne“, die so großen Anklang fand, dass sie später als Band 22 in neuer Auflage herauskam.

Obwohl die Schrift 1939 mit anderem Neugeistschrifttum von der Gestapo verboten und vernichtet wurde, hat sie doch Unzähligen geholfen, aus dem Schweigen Kraft zu schöpfen, zur Befreiung von Unruhe und Leiden zu finden und sich der inneren Führung bewusst zu werden.

Seitdem wurde immer wieder nach der „Schule des Schweigens" gefragt, die nun hier als erweiterte Einführung in die Lehre von Adela Curtis als *Schule des heilenden Schweigens* ihre Wiedergeburt erfährt.

Die große Stille

Im Blick auf Wesen, Weg und Wirkung der Stille wiederholte ich in der damals von mir redigierten „Weißen Fahne" (10,25), was ich auf Grund eigener Erfahrungen in der Stille einem verzweifelten Menschenbruder als erste Wegweisung schrieb:

„Bruder, der du leidest unter der Einsamkeit und dem Mangel an Liebe: du bist nicht einsam! Du hast einen Freund, treuer denn alle Freunde, einen Vertrauten, zu dem du in deinem Kummer flüchten kannst: die Stille.

Stille, dieser innere Freund, ist ein Sein, in dem dein begrenztes Einzelbewusstsein seine Hülle abwirft und über sich selbst hinauswächst ins Allbewusstsein, in dem der in dir schlummernde Gottfunke sich zu einem lodernden Feuer entfaltet, Mut ausstrahlend und Kraft empfangend.

Die Stille ist der große Kraftquell, den du in dir trägst und aus dem du jederzeit Selbstvertrauen, Gewissheit und neue Gedanken schöpfen kannst. Sie ist der Friede der Seele, der dir das beglückende Gewisssein deiner Gott-Verbundenheit verleiht. Sie ist der ‚Friede Gottes', der allen Kummer und alle Sorgen zum Schwinden bringt.

Wenn du draußen in der Natur, am Meer oder auf einem Berge die Kraft der Stille in dich hineinströmen lässt, wenn du im Walde dem ruhigen Atem der Natur dich hingibst, wirst du ganz Stille und spürst, welche Macht sie dir verleiht. Dann bejaht dein Herz:

‚Ich bin eins mit der schöpferischen Stille! Die göttliche Kraft durchflutet mich! Ich bin Kraft, Ruhe, höchster Friede!'

Hier, in der Stille, schweigt alles Persönliche, Vergängliche. In ihr bleibt alles Irdische dahinten. Hier bist du ganz bei dir, deinem innersten Selbst. Fühle die sanften Wellen des Atems und bejahe: Ich atme! Ich atme Kraft! Lass das Wort ‚Kraft' in dir vibrieren, immer leiser abklingend wie ein verhallender Ton. Und horche im gleichen Maße schweigend nach innen, in die große Stille, die in dir wächst.

Nun spürst du die göttlichen Lichtkräfte, die dich durchfluten. Du fühlst dich geborgen wie ein Kind, das nach dem Spiel heimkehrt zu seinem Mütterchen. Überlass dich gänzlich dieser Stille und warte, bis sie zu dir spricht ...

... Und wenn du aus der Stille zurückkehrst und ihrer Segnungen teilhaftig wirst, gedenke deiner suchenden Brüder und sorge, dass auch sie diesen Freund zu finden lernen. Im gleichen Maße wird die Stille dir zum heilsamen Helfer. Aus jedem neuen Schweigen erhebst du dich verjüngter und lebensfroher und entdeckst zugleich, wie sich dir immer mehr alles zum Guten wendet, wie Unsicherheit der Gewissheit weicht, Schwäche der Kraft, Disharmonien dem Frieden und der Liebe.

In der Stille findest du dein wahres Selbst, den Quell aller schöpferischen Potenzen. In ihr wird dir der Friede Gottes zuteil, der mächtiger ist als alle Gewalten der Erde. Hier weißt du dich eins mit allem, was lebt, und mit dem Unendlichen. Immer beglückender öffnet die Stille dir das Tor zum wahren Leben aus dem Geist, zur Selbst- und Gott-Erkenntnis, zur Selbstbefreiung und -verwirklichung in der Einswerdung mit dem Einen."

Was ich damals schrieb, wurde von vielen bestätigt, die in der Schule des Schweigens lernten, die Fülle ihrer geistigen Kräfte und Fähigkeiten zu entfalten, die Gesundheit von Seele und Leib zu festigen und in sich einen Tempel des Friedens zu errichten, den keine Stürme der Zeitlichkeit erreichen.

Und wenn ich diese Vorbemerkung mit einem Schiller-Wort begann, möge der Urenkel Schillers, A. v. *Gleichen-Rußwurm*, hier sagen, wie er die Schule des Schweigens erlebte:

„Die Schule des Schweigens gibt Meditationen und Erkenntnisse, die auf dem Wort des Psalmisten aufbauen: ‚Sei stille und erkenne, dass ich, Gott, bin!' Alle mystischen Lehren, die eine Verinnerlichung und Vergeistigung des Menschen zum Ziel haben und ihm ungewöhnliche Kraft verleihen, haben am Anfang das Gebot des Schweigens. Soweit wir diesem gehorchen, empfangen wir ein neues Bewusstsein von dem, was Gott ist, was jenseits aller menschlichen Vorstellungen und Ideale liegt.

Wer dies Buch liest, wird zum Meditieren angeregt, und wer meditieren lernt, dringt immer weiter vor in die unergründlichen Geheimnisse des eigenen Selbst ...

... Was ist nun Meditieren und wie gelangt man dazu? Nach Kant heißt meditieren methodisch denken. Nach Hugo von St. Victor, dem Mystiker der Jahrtausendwende, war ‚meditatio' das begriffliche Denken, das zur Kontemplation Gottes führt und von der Sinnenwahrnehmung zum Begriff des Wesens leitet. Diesen Weg schlägt Adela Curtis ein. Sie bringt den verständigen Leser ein großes Stück in seiner Selbsterkenntnis vorwärts, wenn er ihren Ratschlägen folgt."

Das Reich des Schweigens

Zu allen Zeiten gingen die Mystiker und Weisen, die großen Erleuchteten und Vollendeten der Menschheit den Weg des Schweigens, in dem das Endliche im Menschen das Unendliche in und über ihm berührt und die Seele zum Spiegel des Alls und zum Sammelbecken und lebendigen Kraftfeld geistig-göttlicher Potenzen wird.

Wohl das erste Lehrbuch des Schweigens, der Sammlung und Meditation war die ein halbes Jahrtausend vor Christus entstandene *Bhagavad Gita,* in der es (V. 19) heißt:

„Die haben *hier* den Himmel schon,

die, wie der Geist, gelassen sind:

Mit Gott geeint, ruh'n sie, gleich ihm,

im Allbewegten unbewegt."

Gleicher Erfahrung gab *Jesaja* (30,15) Ausdruck: „Wenn ihr euch umwendet (nach innen wendet) und stille bliebet, so würde euch geholfen. Durch Stillesein und Hoffen würdet ihr stark werden"; weshalb auch *Paulus* (1. Thess. 4,11) riet: „Ringet danach, dass ihr stille seid."

Die *Pistis Sophia,* ein gnostisches Werk aus dem 3. Jahrhundert nach Chr., sprach von Sigé, dem Gott des Schweigens, dessen Stimme in der Stille vernehmbar wird als das Wort der Liebe, des Lichts und des Lebens. Symbol der Gnostiker war das Quadrat, dessen vier Winkel Sigé (Schweigen), Bythos (Tiefe), Nous (Geist) und Aletheia (Wahrheit) waren.

Schon damals gab es die „Stillen im Lande", von denen es in der Bibel (Ps. 35,20) hieß, dass die Dogmatiker falsche Anklagen suchten gegen die „Stillen im Lande", zu denen sich auch der Verfasser der Psalmen zählte, wie sein Rat erweist (Ps. 37,7): „Sei stille dem Herrn und warte auf ihn", und sein Wort: „Meine Seele ist stille zu Gott, der mir hilft."

Die christlichen Mystiker haben seit je das Schweigen gepriesen als Schlüssel zur geistigen Welt und zur Gott-Nähe. Lauschen wir einigen ihrer Stimmen:

Meister Eckehart nannte das Schweigen „das Beste und Herrlichste, wozu man in diesem Leben gelangen kann, weil, wenn man schweigt, Gott in einem sprechen und wirken kann."

Noch eindringlicher betonte *Tauler:* „So klein ein Pfennig gegen hunderttausend Mark Goldes ist, so nichtig ist alles Gebet mit Worten gegenüber dem inwendigen Gebet des schweigenden Einsseins mit Gott. Alles Gebet des Mundes ist Streu und Stroh gegen das edle Korn des schweigenden Gebets des Herzens."

Angelus Silesius fasste die Weisheit der Mystiker in die Verse:

Geschäftig sein ist gut, viel besser aber beten,
am besten aber, stumm und still vor Gotte treten.
Gott ist so über all's, dass man nicht sprechen kann;
drum betest du ihn auch mit Schweigen besser an.
Die heil'ge Majestät, willst du ihr Ehr' bezeugen,
wird allermeist geehrt im heil'gen Stilleschweigen."

Theresa von Avila wies darauf hin, dass das Gebet der Stille im schweigenden Sich-Offenhalten nach innen besteht: „Gewöhnt euch an dieses innere Einsam- und Stillesein, so werdet ihr Gott in euch selbst entdecken. Gott entzieht sich niemals dem, der sich ihm schweigend naht. Er erlebt Gott in der Stille als die Seele seiner Seele."

Franz von *Baader* nannte das Schweigen den „Zugang zum inneren Licht. Im Schweigen der Gedanken ergreift einen unvermittelt das unaussprechliche Gefühl der Liebe des einen unsichtbaren Vaters aller Geister und durchhaucht und durchwallt einen mit sanfter, herzerwärmender und belebender Glut. Das innere Auge öffnet sich, und wenn die Erkenntnis ihre höchste Helle erreicht hat, so ist es ein Anschauen der Wirklichkeit. Der Durchbruch des nach Freiheit Strebenden und bis in die universale kosmische Gemeinschaft Durchstoßenden ist ein vom Lichte Gottes Durchblitzt- und Erleuchtet-werden."

Pascal erkannte, dass es „eine Beredsamkeit des Schweigens gibt, die tiefer eindringt als die Sprache es kann."

Tersteegen pries den Segen der Stille:

„Mein Geist, der suchte lange ... Nun ruht er aus.
Ich fand, was ich verlange, ganz nah im Haus.
Wie ist die Ruh' so süße im Seelengrund,
worin ich mich verschließe zu jeder Stund' ...
... Ich bin im innern Heiligtum,
ich bete an und bleibe stumm.
O ehrfurchtvolles Schweigen ...“

Wie Friedrich *Heiler* in seinem grundlegenden Werk „Das Gebet"
(München '21) betonte, geht beim Mystiker das Wortgebet in das
wortlose Schweigen über: „Aus dem Reden mit Gott wird ein
stummes Betrachten und Kontemplieren Gottes. Schon Plotin riet,
dass wir uns Gott nicht mit lauten Worten nähern, sondern uns mit
der Seele schweigend zu ihm erheben. Dieses Schweigen ist kein
Gebets-Akt, sondern ein Gebets-Zustand."

Und *Carlyle* schrieb von den großen Schweigenden, den Stillen im Lande, dass sie sich „von der geräuschvollen Fadheit der
Welt mit ihren wertarmen Worten und bedeutungslosem Getue
gern ab- und einwärts-wenden in das große Reich des Schweigens. Die edlen stillen Menschen, hier und da ausgestreut, jeder
in seinem Bereich besinnlich denkend und schweigend wirkend,
von denen keine Zeitung berichtet – *sie sind das Salz der Erde.*"

Der gleichen Einsicht gab die Begründerin der Theosophischen
Gesellschaft, H. P. *Blavatsky*, Ausdruck in ihrer 1889 herausge-
gebenen Schrift „Die Stimme der Stille", in der sie bei den Mys-
tikern Indiens und Tibets Erlebtes wiedergab:

„Wer die Stimme des Geistes vernehmen und verstehen will,
muss sich mit dem Wesen des Schweigens und der Versenkung
vertraut machen. Er muss sich von den Sinneswahrnehmungen
lösen und sich in der Stille seinem innersten Selbst zuwenden ...

... Ehe die Seele hören kann, muss man taub geworden sein
für alles, was von außen an das Ohr dringt. Erst dann wird sie mit
dem schweigenden Sprecher im Innern eins und vernimmt die
Stimme der Stille ...

... Um Erkenntnis des All-Selbst, Gottes, zu erlangen, musst du zuerst dein eigenes Selbst kennen lernen. Dazu muss sich dein Ich dem Nicht-Ich opfern ...

... Verschließe dein Bewusstsein dem Wahn des Getrenntseins, damit dir die Stimme des Sohnes des Himmels, Gottes in dir, vernehmbar werde ...

... Du kannst auf dem Pfad des Schweigens nicht voranschreiten, ehe du nicht dir selbst zum Pfade geworden bist. Bringe deine Gedanken zum Schweigen und richte deine Aufmerksamkeit auf den Geist in dir, den du noch nicht siehst, aber fühlst, bis dein kleines Ich im großen Selbst aufgeht, das du deinem Innern nach bist. Dann bist du dir selbst zum Licht geworden und hast heimgefunden zum Gott in dir."

Der Schweigende braucht nicht zu begreifen; er wird von der Wahrheit ergriffen und zu ihrem Gefäß und Sprachrohr. Er findet im Schweigen das Reich des Glücks. Um mit dem Wort eines Mystikers unserer Tage, Johannes Fernando *Finck,* zu schließen:

„Das Schweigen ist die Sprache der Seele. Schweigen ist Gottesdienst, zu dem es weder eines Orts noch bestimmter Zeiten bedarf noch irgendwelcher Zeremonien. In diesem Gottesdienst fragst du durch Schweigen und erhorchest Gottes Antwort im Schweigen:

Ruht deine Sinnenwelt, erwacht ein sechster Sinn;

es ist darin dir Gott als Gegenwart Gewinn."

Zu den letzten Tiefen des Schweigens führen Fincks weitere weisheitsvolle Worte:

„Eine Waffe, die schärfste und unfehlbarste, bleibt auch dem Erdenschwächsten durch alles Kampfgemenge hindurch in der Hand: das heilige *Schweigen.*

Gäbe es mehr Schweiger, gäbe es mehr Pfadfinder.

Nur das Mittelmaß schwätzt. Ungebildete haben noch nichts zum Reden und schauen einander an, ohne dass sie sich verstehen. Die Höchstgebildeten, die Weisen, haben nichts mehr unter sich zu reden; sie stehen ohne ein Wort in jedem Blick und jeder Bewegung miteinander im Einverständnis.

Ein ehrlicher Mensch spricht nie von der Ehrlichkeit wie ein bescheidener Mensch nie das Wort Bescheidenheit in den Mund nimmt. Was ein Mensch wirklich ist, spricht ohne Worte aus ihm; wie Gott, der alles in allem ist, nur im Schweigen zu uns redet.

Gott duldet keine Unterbrechungen in dem Bewusstsein, das wir von ihm haben sollten. Was wir uns darin zuschulden kommen lassen, verzögert die wachsende Sicherheit und Geborgenheit, die Erlangung seines vollkommenen Besitzes. Gott duldet aber auch während unseres Entwicklungsganges keine unberechtigten Sprünge; alles soll *selbst errungen,* alles muss selbst verdient werden im Unvergänglichen, im Unsterblichen, allein Wirklichen, sonst ist es nicht unser Teil, unser Anteil, unser Ganzes.

Die Weisen aller Länder reichen sich, da sie nicht tot sind, während der ganzen Dauer der Schöpfungsperiode gegenseitig die Hände und geben so Perle um Perle der Weisheit und Gotteswahrheit weiter. Was gibt es also Besseres und Klügeres, als in diesen Kreis zu treten und sich gliedweise anzureihen! Denn sie nehmen jeden auf, dem es unermüdlich ernst ist mit diesem ernsten Lebensspiel.

Was die Welt von uns denkt, sollte uns gleichgültig sein. Es kommt nur darauf an, was Gott von uns denkt. Wir sind nur zufrieden, wenn Gott mit uns zufrieden ist.

Sobald wir Erde und Himmel mit allem Inhalt um Seinetwillen innerlich von uns gelöst und aufgegeben haben, gewahren wir, dass in Gott alles enthalten ist. Also brauchen wir jegliches, das aus ihm hervorging, nicht, wir ruhen dann schweigend in seinem vollkommenen Frieden.

Ist das *Schweigen* nicht die Wurzel unseres Lebens, wird sie uns durch keine Verpflanzung, wohin auch immer auf diesem schwimmenden Erdball, gegeben. Darum halte dich ans Schweigen!"

Gemeinsames Schweigen

In besonderer Weise haben die *Quäker* die schöpferische Kraft des Schweigens einzeln und gemeinsam aktiviert. Der Religionsphilosoph Professor Rudolf *Otto* (1869-1937) nannte sie mit Recht „eine Bruderschaft des Geistes, der Innerlichkeit und Geistigkeit, die die Früchte der inneren Sammlung bewusst in den Dienst der Nächstenliebe als der lebendigen Form der Gottesliebe stellen … Sie sind eine Form der ‚Stillen im Lande‘, die das ‚silent meeting‘, die schweigende Zusammenkunft, pflegen, um im vereinten Schweigen ein Dreifaches zu erleben: das innige innere Einssein der Vielen in der Einheit und Gemeinsamkeit des aus der Tiefe kommenden Geistes, das Aufbrechen des Geistes im Gebet oder in freier Aussprache und endlich das stille Ruhen in der Gegenwart des Höchsten und einer beseligenden, erleuchteten und stärkenden Gemeinschaft auch ohne ein Wort."

In seinen „Aufsätzen, das Numinose betreffend" (Stuttgt., ‘23) nannte *Otto* das gemeinsame Schweigen der Quäker ein „worteloses Schweigen, das 1. der Versenkung dient, d. h. der Abwendung von allem, was zerstreut, der Sammlung ins inwendige Sein, 2. dem sich Bereiten für das Kommen des Geistes, für das Erleben der göttlichen Gegenwart und das Vernehmen des inneren Worts."

Otto schrieb auch das Geleitwort zu der kleinen Schrift von L. V. *Hodgkin* „Schweigender Dienst" (Tübingen, ‘21), die in die Schweige-Praxis einführt, welche die seelische Gleichstimmung der gemeinsam Schweigenden bewirkt und mannigfache segensreiche Folgen zeitigt.

Die befreiende, erlösende und heilende Kraft des Schweigens war, wie Hodgkin darlegt, schon den alten Ägyptern bekannt. Ammon (Amun) galt als der „verborgene Gott, der zu dem Schweigenden kommt". Im Yoga, Buddhismus, Hinduismus, Taoismus wie bei den Pythagoräern und den Vedantisten gilt das Schweigen als Zugang zur geistigen Welt, als Pfad zur inneren Einheit und zum Einssein mit dem Göttlichen.

Die Quäker erleben „das immer neue Wunder des lebendigen Worts aus den Tiefen religiösen Schweigens, in dem sie zur Erleuchtung finden. Sie schweigen, damit sie vom ichhaften Denken und Leben weg und zum Christuslicht im Innern hin finden und dessen schaffende Kraft in ihrem Herzen spüren."

Hodgkin spricht auch von der „läuternden Kraft des Schweigens" und zitiert einen Quäker des 18. Jahrhunderts: „Das Schweigen vergeistigter Andacht ist kein schlaftrunkener und gedankenleerer Zustand des Geistes, sondern ein Abschließen desselben von allen äußeren Einflüssen und nichtigen Vorstellungen, ein Zurückziehen in inbrünstiger Hingabe an den unsichtbaren allgegenwärtigen Gott, dessen Licht Weisheit und Erkenntnis und dessen Liebe Kraft und Stärke verleiht ...

... Dieses Schweigen ist kein bloßes Verstummen der Lippen, sondern eine tiefe Ruhe des Herzens und des Geistes, ein Losgelöstsein von jedem Gedanken an vergängliche Dinge, ein entschlossenes Richten des Herzens auf das, was unveränderlich und ewig ist. Es ist eine Selbstzucht, die unentwegt geübt werden muss, ehe sie zur nie versiegenden Kraftquelle werden kann ...

... Über die ganze Welt verstreut, versammeln sich ständig Gruppen Andächtiger, um diese verborgene geistige Einheit zu bezeugen ... Es sind die *„Stillen im Lande",* die man in allen Ländern der Erde finden kann, die den Geist der neuen Zeit spüren und sich von ihm leiten lassen. Sie sind wie die Glieder eines Leibes und untereinander ihrer inneren Einheit bewusst, wobei jeder Einzelne sich von innen her erfrischt und getröstet, gekräftigt und neu belebt fühlt ... So können Andächtige aller Zeiten und Rassen im Schweigen zur Einheit finden. Sie sind eins mit uns, wir sind eins mit ihnen, in eben diesem Augenblick, in dem wir durch eine Kraft, die über uns kommt, die in und durch uns atmet, schweigend gewahr werden, dass wir uns alle in der schöpferischen Gegenwart Gottes befinden."

Für die Quäker ist das Schweigen der unmittelbare Zugang zum inneren Licht als der Quelle der Erleuchtung und Offenbarung Gottes im Menschen. Wir berühren damit die Dynamik des Schweigens.

Dynamik des Schweigens

Schweigen – so schrieb ich im „Weg zur Vollendung" – ist das Einfachste in der Welt, weil man dabei nichts zu tun, sondern nur zu lassen braucht. Nur dem gierenden Ich erscheint das Loslassen, Lassen und Gelassenwerden, das Stillewerden schwer und gefahrvoll, weshalb die Gedankenmühle weiter klappert und lärmt. Aber man kann sie zum Stillstehen bringen, zunächst für Augenblicke, nach und nach für längere Zeit – durch beharrliches Verweilen bei einem einzigen Gedanken.

Das göttliche Schweigen ist immer in uns, aber wir sind nicht immer in ihm, und solange wir nicht in ihm sind, ist der Friede des Gemüts nicht unser, werden wir nicht Eigner der göttlichen Kraft des Selbst.

Der Tempel des schweigenden Einsseins ist die „Unsichtbare Kirche", in der wir uns Gott nähern und einen. Hier herrscht jenes vollkommene Entsunkensein, in dem, wie *Longfellow* sagt, „Mund und Herz still sind und keine eigenen Gedanken und Wünsche des Ich mehr laut werden, wo wir leuchtenden Herzens warten und dem lautlosen Wort Gottes lauschen, damit wir seinen Willen tun und ihn allein."

Dieses dynamische Schweigen ist es, in dem in Urgründen der Seele intuitiv-schöpferische Geistkräfte erwachen und emporsteigen – stärker als alle materiellen Mächte: die Gotteskräfte der stillen Ewigkeit.

Die Schweigenden sind die fruchtbarsten Menschen, weil alle großen Gedanken aus der Stille geboren werden. Wer schweigen kann, wird müheloser, gelassener und produktiver schaffen und in der gleichen Zeit Besseres und Größeres vollbringen als die ruhelos Geschäftigen.

So wirksam sind die Kraftgedanken der großen Schweiger, dass sie sich einer Vielzahl aufgeschlossener Menschen unmittelbar mitteilen und ihr Denken, Wollen und Handeln aufs Rechte lenken. Die großen Schweiger sind immer Bejahende und ihrer Innenkraft bewusster als die Geschwätzigen. Sie denken tiefer und klarer, wacher und gesammelter, überlegter und schöpferischer.

Sie erleben, wie im Schweigen das Blickfeld des Bewusstseins leer wird wie eine Filmleinwand, auf die keine Bilder geworfen werden. In dieses schweigende Leersein ergießt sich alsbald die Fülle der Inspirationen und Intuitionen. Alle Fragen beantworten sich selbst.

Im Erwachen zur Seligkeit des Schweigens kehrt die Seele heim in den Urgrund des Selbst. Es ist ein Hinübertreten aus dem Endlichen ins Unendliche, ein Stillesein im Lautlosen und ein Wachwerden für jenes Einssein mit dem Einen, von dem Angelus Silesius sprach:

„Ist deine Seele still und dem Geschöpfe Nacht, so wird Gott in dir Mensch und alles wieder bracht."

Die Heimkehr in dieses dynamische Schweigen ist in der Tat einfach:

Man setzt oder legt sich hin, entspannt den aufrecht sitzenden oder geradeliegenden Körper und blendet sich allen Gedanken und Gefühlsregungen gegenüber ab bis auf das Bewusstsein: „Ich bin Stille". Erfüllt dieser Gedanke als Einziger das Blickfeld des Bewusstseins, gelangt man in das Schweigen der Kontemplation: man wird selbst zur Stille, damit Rückerts Erkenntnis nacherlebend:

„Wenn du der Außenwelt verschließest deine Sinne, wirst du in dir das Welt- und Gott-Geheimnis inne und weißt nur eines noch und weißt dies eine ganz: Gott ist die Geistersonn' und die Natur sein Glanz."

Einwärts lauschend, fühlt man das Leben des göttlichen Geistes im Innern, spürt die Wärme Gottes im Herzen und das innere Lichtwerden im Schweigen der Ewigkeit, das sich über alle Lande der Seele breitet.

So erlebte es Meister Eckehart: „Wenn die innere Stille erreicht ist, wenn alle Tätigkeit des niederen Ich aufgehört hat und höchste Gelassenheit an deren Stelle getreten ist, geht im Grunde der Seele ein himmlisches Licht auf – das Licht Gottes entzündet sich."

Der nach Verinnerlichung und Vergeistigung strebende Praktiker unterscheidet, wie in der „Neuen Lebensschule" dargelegt, *sieben Stufen des Schweigens:*

Die erste umfasst das Schweigen gegenüber anderen, das Carlyle als das Element bezeichnet, „in dem große Dinge sich gestalten, um majestätisch ans Tageslicht zu treten." Die zweite Stufe umfasst das Schweigen beim Schaffen, die dritte das Verstummen der Gedanken bis auf einen einzigen, den Gegenstand der Meditation, die vierte das noch tiefere Schweigen des Herzens, die fünfte das Schweigen der Seele, die sechste das Schweigen des Geistes und die siebente das Schweigen in Gott.

Jedes Mal, wenn man aus dem Urgrund des Schweigens in den Alltag zurückkehrt, hat man einen entscheidenden Schritt vorwärts und aufwärts auf dem Wege zum Licht getan. Dem inneren Auge offenbaren sich Welt und Leben abermals tiefer, durchgeistigter, durchgotteter. Schweres wurde leichter, Dunkles hellte sich auf, Leid löste sich und wich der Freude. Wirklichkeitsbewusster geworden, meistert man Leib und Leben vollkommener als zuvor.

Mit Recht rühmen alle, die sich das Schweigen zur Gewohnheit machten, auch die *heilende Kraft der Stille:*

Im Schweigen akkumulieren wir Lebenskraft, die sich im Körper allseitig erneuernd auswirkt. Im Schweigen klingen alle Disharmonien im Bewusstsein, Leib und Leben ab; alle Unstimmigkeiten innen wie außen weichen der Harmonie. Im Schweigen findet man alle Kraft und Weisheit der Welt in sich selbst. Jede Not löst sich von innen her, sodass es keiner Fremdhilfe mehr bedarf.

Im Schweigen erwacht und wächst auch die *Kraft, anderen zu helfen.* Lebendiger denn je erkennen wir, dass wir eben dort, wo wir stehen und wirken, gebraucht werden, dass der göttliche Plan auch unser Dasein und die Aufgaben umfasst, die nur von uns gelöst werden können. Wir erkennen Sinn und Zweck unseres Lebens und gewahren, dass nichts darin unwichtig ist, vielmehr alles da, wo es ist und so, wie es ist, notwendig und gut ist für das Wohl des Ganzen.

Wir können nicht aus dem Leben herausfallen. Gottes Liebe umfasst uns mit der gleichen Innigkeit wie die höchsten Engelwesen. Doch er lässt uns die Freiheit der Wahl, das Rechte oder das Falsche zu tun, weil wir von den Folgen unweisen Tuns von selbst wieder auf den notwendenden uns allein gemäßen Weg gewiesen werden. Immer aber bleiben wir ein unentbehrlicher schöpferischer Bestandteil des Ganzen und dürfen uns unserer selbst und unseres Wirkenkönnens im Geiste der Allharmonie und Einheit erfreuen.

Ich habe viele das Schweigen lehren dürfen, und die Ergebnisse bezeugen den Segen dieser Seelenhaltung. Dafür eine Stimme aus hunderten:

„Seitdem ich das heilende Schweigen kenne, hat mein Leben sich von Grund auf geändert. Wenn etwas mich ängstigen oder bedrücken will, nehme ich es mit in die Stille des Innern und übergebe es Christus in mir. Wenn ich dann aus dem Schweigen in den Alltag zurückkehre, weiß und fühle ich mich frei und allem überlegen ...

... Durch die Hingabe an das Schweigen des Innern habe ich nicht nur nervöse Beschwerden, sondern auch körperliche Krankheiten überwunden. Durch die Kraft des Schweigens lebe ich seit langem in Harmonie mit mir selbst, mit den Wesen um mich herum und mit dem Ewigen. Mich erfüllt das beglückende Bewusstsein, dass alles gut ist oder zu etwas Gutem hinführt, weil es vom Gott in mir geordnet und gelenkt wird."

Und nun möge *Adela Curtis* uns in ihre Schule des Schweigens einführen, wobei die sinngemäße Wiedergabe ihrer oft breit angelegten Darlegungen im Folgenden noch gestrafft und komprimiert wurde, damit das Wesentliche und unmittelbar Hilfreiche klar hervortritt.

Das macht die Verneinungen, die sonst zu stark hervortreten würden, unnötig, weil mit dem Aufflammen des Lichts die Finsternis des Negativen von selbst verschwindet. Umso leichter und vollkommener aktiviert man dann in der Stille sein göttliches Potenzial.

Heilkraft des Schweigens

nach Adela Curtis

Die neue Mystik

„In allen Sprachen wird, mein Gott, nach dir gefragt. Die Himmelsantwort schweigt. Damit ist es gesagt." J. F Finck

Die Antwort auf die Kardinalfrage des Lebens, wie weit wir es in unserer geistigen Entwicklung bringen können, bis zu welchem Grade wir uns unserer Gott-Einheit bewusst werden, gibt die Mystik mit ihrer Praxis des Schweigens und der Meditation. Ein Mystiker ist, wer nach unmittelbarer Wirklichkeitserkenntnis und Gottvereinung strebt. So gesehen, sind wir alle Mystiker. Nun hat in den letzten Jahrzehnten eine geistige Entwicklung stattgefunden, die auf eine Evolution des religiösen Erlebens und Bewusstseins hinausläuft vor allem dahingehend, dass auch der Körper als etwas Geistiges erkannt und bejaht wird.

Wir beginnen zu erkennen, dass alles in Leib, Leben und Welt gedankengeboren ist, dass die Dinge nichts anderes sind als objektivierte Gedanken, und dass die Umwelt jedes Einzelnen von seiner Vorstellung abhängt. Es gibt darum, wie die neue Mystik lehrt, nur einen Weg, Leib, Leben und Welt zu wandeln: durch Umstellung unserer Einstellung.

Wenn und solange negative Denk- und Empfindungsgewohnheiten sich im Körper als Krankheiten äußern, ist es zwecklos, an den Wirkungen herumzupfuschen, wenn nicht zuvor die geistigen Ursachen behoben werden.

Die *alte Mystik,* vor allem die der Inder, die die Welt als „Maya", als Trugbild der Sinne abwertet, wandte sich von der Welt und der Körperlichkeit ab und suchte die Liebe zum Leben abzutöten.

Die *neue Mystik,* die dem Geist des Abendlandes entspricht, denkt hier entgegengesetzt: da sie die Geistigkeit von Leib und Leben erkennt, bejaht sie die Einheit von Leib, Seele und Geist und zeigt, dass wir hier und jetzt im körperlichen Dasein, zum Geist- oder Christus-Bewusstsein gelangen können.

Wir können unser göttliches Selbst entfalten, indem wir auch zur Körperlichkeit eine neue Einstellung einnehmen und die Sinnenwelt bewusster zum vollendeten Ausdruck des innewohnenden Geistes machen, bis wir die lebendige Einheit von Gott, Seele und Welt verwirklicht haben.

Die neue Mystik sieht im Körper kein Hindernis auf dem Wege der Gott-Erkenntnis, sondern bejaht ihn als Ausdruck der Seele und als Prüfstein für das Vermögen der Verwirklichung des innerlich Geschauten und Bejahten.

Der einfache Weg dazu ist der des *Schweigens,* auf dem die Schöpferkraft positiver Gedanken ebenso aktiviert wird wie die schlummernden Potenzen des Unter- und Überbewusstseins.

Um mit deren Hilfe etwa Heilung von Krankheiten zu erreichen, muss keineswegs schon die Gott-Einheit verwirklicht sein. Unerlässlich aber ist das Bewusstsein *der Geistigkeit von Leib und Leben.* Darauf deuten schon Worte der Bibel wie diese: „Gott ist Geist, und die ihn anbeten, müssen ihn im Geist und in der Wahrheit anbeten." (Joh. 4,24). „Der Geist aber ist Leben." (Röm. 8,10).

Jesaja (11,2) sprach von diesem „Geist der Weisheit und des Verstandes, dem Geist der Stärke und der Erkenntnis", und Paulus ermahnte (Eph. 4,3 f) zur „Einigkeit im Geist: ein Leib und ein Geist", wie er uns weiter aufruft: (4,23 f): „Erneuert euch im Geiste eures Gemüts und ziehet den neuen Menschen an, der nach Gott geschaffen ist in Gerechtigkeit und Heiligkeit."

Hier gibt es keine Gegensätzlichkeit zwischen Geist und Körperlichkeit. Denn hier und jetzt, in unserer gegenwärtigen Verkörperung, ist „das Reich Gottes inwendig in uns". Und wir gelangen zu dieser innersten Region unseres Wesens auf dem Wege über das Unbewusste, dessen Bereich sich zum hirngebundenen Ichbewusstsein verhält wie das Erdinnere zur Erdoberfläche.

Wohl kann man, um eine Krankheit zu behandeln, von der Behauptung ausgehen, dass es keine Materie gibt und darum auch keinen Körper, keinen Schmerz, keine Krankheit. Auf diesem Wege mag es gelingen, Schmerzen zu unterdrücken und ein leidliches Wohlbefinden zu erzielen. Aber die Ursachen des Leidens werden durch autosuggestive Verneinungen dieser Art nicht beseitigt.

Hilfreicher ist es, *ein positives Bild des gesunden und vollkommenen Körpers zu schaffen* und dieses Vorbild den unter- und überbewussten Kräften ständig vorzuhalten, damit sie es im Körper realisieren.

Wahre und dauernde Gesundheit und Harmonie in Seele, Leib und Leben entsteht dort, wo der Geist als ihr Fundament bejaht wird. Und der sicherste Weg dazu ist der *schweigender Bejahung,* durch den ein Zustand unzerstörbarer seelischer und damit auch leiblicher Gesundheit geschaffen wird. Dies umso sicherer, wenn wir uns dabei stets bewusst bleiben, dass Gott inwendig in uns lebt und unser Wohl wirkt, dass die schöpferische Kraft in uns uns so weit hilft, als wir ihr vertrauen und uns ihr überlassen.

Eben dazu führt der Weg der neuen Mystik, die neue Art *meditativen Schweigens.* Und die besten Anleitungen geben uns hier die Mystiker.

Aber bloßes Lesen ihrer Schweigeanleitungen genügt nicht; sie müssen inneres Tun werden. Und wir sollten uns dabei stets bewusst bleiben, dass wir nach dem Bilde Gottes geschaffen, dass wir Offenbarungen göttlichen Wesens und Willens sind. Um unsere göttliche Natur sichtbar zu offenbaren, müssen wir unserer Gotteskindschaft gewiss sein. Dazu wiederum sollten wir das *Bewusstsein der lebendigen Gegenwart Christi in uns* im inneren Schweigen erwecken und Ihn durch uns handeln lassen.

Den meisten sind die Fähigkeiten und Kräfte, die sie zu Herren der Dinge und des Lebens machen würden, noch nicht bekannt, wie das unendliche Leid auf unserem Planeten und der noch allgemeine Aberglaube an die Ohnmacht und „Sündigkeit" des Menschen zeigen.

In Wirklichkeit ist Unvollkommenheit etwas, das nur dem äußeren Menschen anhaftet, seinen innersten Wesenskern hingegen nicht berührt. Wenn aber der äußere Mensch mit dem inneren eins geworden, wenn die Einheit von Dasein und Sein erreicht ist, kann Gott sich in uns offenbaren. Und dann wird auch unser Körper zum lebendigen Ausdruck und immer vollkommeneren Werkzeug des Geistes.

Auch der Leib ist Geist

„Fühlst du den Körper nicht, dann bist du ganz gesund. Wenn Leib und Seele schweigt, stehst du mit Gott im Bund." J. F. Finck

Betrachten wir uns als zeit- und raumbedingte Geschöpfe, dann erblicken wir hinter uns Äonen voller Erfahrungen, die unterhalb der Menschenstufe liegen, und vor und über uns unendliche Erfahrungsmöglichkeiten, die weit über unser heutiges Menschsein hinausweisen.

Unsere gegenwärtige Bewusstseinslage besteht aus der Erinnerung an eine unabsehbare Vergangenheit und der ahnenden Vorausschau auf eine Zukunft, die alle Möglichkeiten der Selbstverwirklichung beinhaltet. Von der ersteren sprechen wir als der Natur, von der letzteren als Gott. Gott und Natur erscheinen uns als zwei Gegensätze, zwischen denen wir uns bewegen, solange wir nicht der Forderung aller Weisen folgen: *„Erkenne dich selbst!"*

Unser Bewusstsein erscheint uns als die dreifache Fähigkeit zu sein, zu wissen und zu handeln. Gleiches gilt entsprechend für die Billionen lebendigen Zellwesen in unserem Körper – kraft der auch ihnen eigenen Bewusstheit, Empfindungsfähigkeit und Aktivität. Ebenso hängen Dasein und Verhalten jedes Atoms von den Reaktionen seiner inneren Kräfte ab.

Zur *Selbsterkenntnis* nun gelangen wir, wenn wir lernen, uns unseres leitenden *Selbst* und seiner Kräfte bewusst zu werden. Das bedeutet zugleich Wachstum und Entfaltung bisher schlummernder Erkenntnisse und Fähigkeiten. Es bedeutet fortschreitende Vervollkommnung, mit deren Zunahme uns immer lebendiger aufgeht, dass auch der *Leib* Geist ist: sichtbarer Ausdruck des göttlichen Geistes, der in uns lebt als unser innerstes Selbst.

Im Körper spiegelt sich der Stand unserer bisherigen Bewusstseinsentfaltung, unseres geistigen Wachstums. Er zeigt, wie weit wir unsere angeborenen Fähigkeiten und Kräfte auf unserem Wege zum Übermenschlichen und Göttlichen bereits aktiviert haben.

Noch sind wir von der universalen Bewusstheit des Geistmenschentums, das in uns angelegt ist, weit entfernt. Aber wir können den Prozess der Höherwandlung beschleunigen – durch die Praxis des Schweigens und der Meditation, die zur Bewusstseinsweitung und -spiritualisierung verhilft und zum Geist- und Gottbewusstsein aufwärts leitet. Zu solcher Höherentwicklung ist jeder von uns bestimmt und befähigt.

In der endlosen Vergangenheit, die hinter uns liegt, herrschte das Gesetz der Auslese und des Überlebens der Geeignetsten. Heute tritt an dessen Stelle das Gesetz der geistigen Höherentwicklung durch bewusste Selbstverwirklichung. Es macht uns gewiss, dass im Menschen der Zukunft die höchsten Qualitäten zur Offenbarung kommen werden und dass er frei sein wird von den untermenschlichen Belastungen, die für uns Heutige das Erbe unserer früheren Entwicklungsstufen bilden.

Zweitausend Jahre Christentum haben dieses Erbe der Angst und des Neides, der Ichsucht und Aggression nicht ausrotten können. In früheren Epochen waren diese Bewusstseinshaltungen als Entfaltungsreize für die Intelligenz des Menschen nötig, wie sie es noch bei den Tieren sind. Aber in der heutigen Übergangszeit zu einem neuen Äon sind diese Eigenschaften des Instinktmenschen für unsere geistige Höherentwicklung ihrer zerstörerischen Wirkungen wegen gefährlich geworden.

Diesen Gefahren begegnen wir am sichersten durch die auf Selbsterkenntnis zielende Selbstbesinnung in meditativem Schweigen. Wir lernen dann zu bejahen und von innen her umzuwandeln, was wir bisher verneinten, bekämpften und zerstörten.

Wir bejahen unseren Körper als Ausdruck und Werkzeug des Geistes. Wir bejahen unsere positiven Kräfte und Eigenschaften, nützen sie bewusst und erleben dann, wie die Ängste und negativen Tendenzen des Ich in Kräfte gläubiger Bejahung und Gewissheit des Guten transmutiert werden.

Dieser Transmutationsprozess vollzieht sich zunächst in den verborgenen Tiefen des Unbewussten. Von dort aus wirkt er auch auf das Bewusstsein und den Körper umformend und erneuernd ein, da sich im Körper das Wachstum der Seele widerspiegelt.

Der Körper erlangt auf diese Weise höhere, feinere Reaktions-fähigkeiten. Er lässt sich immer leichter vom Geiste her leiten und vervollkommnen. Das bedeutet, dass wir wachsenden Einfluss auf Befinden und Erhaltung des Körpers gewinnen, auf sein Wachstum, sein Altern, seine Krankheiten. Dies und noch mehr erreicht, wer den Weg meditativen Schweigens geht. Auf ihm entfalten sich jene Verwirklichungs-kräfte, die alles innerlich beharrlich Bejahte und von der Seele Angenommene auch physisch realisieren. Wir können auf diese Weise zu wahrhafter Wiedergeburt gelangen.

Dazu tun wir gut, an jedem Tage der Woche bestimmte Beja-hungen zu wiederholen, etwa

am *Sonntag:*
Ich erkenne mich immer deutlicher im Geiste und in der Wahrheit als Kind Gottes und als Erben göttlicher Kraft!

Am *Montag*:
Meinem wirklichen Wesen nach bin ich, bis in den Körper hinein, Geist!

Am *Dienstag:*
Im Geist und in der Wahrheit bin ich frei von Sündigkeit und Vergänglichkeit!

Am *Mittwoch:*
Der Geist Gottes in mir ist die einzige Macht!

Am *Donnerstag:*
Der Geist Gottes offenbart sich in mir und durch mich!

Am *Freitag:*
Der Geist Gottes in mir ist allem überlegen!

Am *Samstag:*
Unendlicher Geist! Du bist in mir und ich in dir!

Bewusstseinsstufen

„Gib mir dein Schweigen, Gott, damit ich hören kann; denn wenn ich selber spreche, betört mich Eigenwahn." J. F. Finck

Das Dasein wird unendlich lebenswert, wenn wir erkennen, dass wir in Leib und Leben alles verwirklichen können, was wir innerlich bejahen und realisieren. Wir sind die verantwortlichen Selbstgestalter unseres Lebens und Schicksals und können mit der Erneuerung unseres Bewusstseins auch das Gesicht der Welt verändern.

Alle Dinge, die wir um uns sehen, alle äußeren Bedingungen, unter denen wir leben, sind verwirklichte Gedanken. Jeder äußeren Erscheinung ging ein inneres Bild voraus. Und wenn wir ein Ding zerstören, bleibt das geistige Urbild desselben bestehen und ermöglicht seine Neuschaffung.

Durch beharrliche innere Bejahung können wir Dinge und Lebensbedingungen unmittelbar hervorrufen, wenn wir die Wahrheit so erkennen, wie Jesus Christus sie erkannte: er erkannte das Leben als Ausdruck seines Selbst. Für ihn waren Geist, Leib und Leben eins. Er sah im Geist den Schöpfer der Materie. In ihm war der göttliche Geist, der in uns noch tief im Überbewussten schlummert, voll erwacht, sodass er Wunder wirken, Kranke heilen, Tote zu neuem Leben erwecken konnte.

Potenziell, unserer göttlichen Anlage nach, sind wir fähig, Gleiches zu bewirken, wenn wir uns unseres Selbst bewusst werden und unser Ichbewusstsein hinaus in die Regionen des Überbewusstseins, All- und Gott-Bewusstseins zu erheben lernen.

Obwohl unsere heutigen Daseinsbedingungen und unser Körperzustand Ergebnis und Ausdruck des seitherigen Denkens, Wünschens und Handelns von uns und der Menschheit sind, bejahen wir uns noch nicht als Schöpfer dieser Gegebenheiten. Vielmehr schreiben wir aus Nichterkenntnis alles, vor allem das Befremdliche und Leidvolle, dem Schicksal oder Gott zu, der uns je nach Laune hilft oder hindert.

Wenn aber unser inneres Auge sich öffnet, gewahren wir, dass das, was wir für das Werk eines Gottes hielten, von uns selbst – durch unser bisheriges Denken und Handeln – ausgelöst wurde, und dass wir, um größere Vollkommenheit in Leib und Leben zu erlangen, unser Bewusstsein ins Kosmische erweitern und mit dem göttlichen Bewusstsein einen müssen.

Wir fragen dann nicht mehr: Warum ist unsere Umwelt so unvollkommen? Warum lässt Gott das Böse und die Leiden der Wesen zu?, sondern wir gelangen zu einer Antwort, die keinen Sündenbock mehr nötig macht. Wir schieben die Verantwortung für unsere Irrtümer, Fehler und Leiden nicht mehr Gott oder dem Teufel zu, wenn uns die Gesetze des Geistes und das Verwirklichungsstreben der Gedanken und des Glaubens einmal bewusst geworden sind. Wir wissen dann, dass und wie wir uns und unsere Umwelt vom Geiste aus ändern können.

Sowie wir lernen, *mit* den Gesetzen des Geistes und des Lebens zu arbeiten statt gegen sie, werden wir erfreuliche Wandlungen in und um uns hervorbringen als Früchte rechten Denkens und Handelns.

Wir mühen uns jedoch vergeblich, unsere Umweltbedingungen zu ändern, solange wir nicht zuerst die Herrschaft über uns selbst und unseren Körper errichtet haben. Dazu verhilft uns *die Kraft des Schweigens,* durch die wir von der Ebene der Ursachen her auf die Dinge und Umstände in Leib und Leben umwandelnd einwirken – von innen statt von außen.

Darüber hinaus gelingt es uns auf dem Wege des Schweigens, uns über unser beschränktes Ichbewusstsein hinaus ins Überbewusste und ins Christusbewusstsein zu erheben.

Bis heute haben wir erst einen Bruchteil unserer geistigen Möglichkeiten, unserer Intelligenz und Macht, zu nutzen gelernt. Wir sind noch nicht so weit, die Materie vom Geiste aus unmittelbar zu beherrschen, weil wir vom größten Teil unseres Innern und dem göttlichen Kern unseres Wesens noch so gut wie nichts wissen. Und so lange sind uns Besitz und Anwendung der Machtfülle des göttlichen Bewusstseins versagt.

Doch so unzulänglich unser heutiges Wissen vom Geist auch ist, so spüren wir doch, dass unser Körper von einer unterbewussten oder überbewussten Weisheit geleitet wird, ohne die er keinen Augenblick bestehen würde. Diese Weisheit bewirkt, was wir selbst nicht tun können: sie sorgt für die Verdauung der Nahrung, lässt das Herz schlagen, die Lungen und die anderen Organe und Drüsen unablässig arbeiten und vollbringt andere Dinge, die uns, auch wenn wir nichts davon merken, am Leben erhalten.

Wir sind wie Mieter in einem Hause, dessen Bestand und Pflege im Wesentlichen nicht von uns bestimmt wird, obwohl wir bewusste Besitzer und Lenker unseres Körperhaushalts sein könnten.

Weil erst der vollendete Mensch – der Geistmensch – seinen Körper bewusst und vollkommen beherrscht und lenkt, meinen manche, dass *wir* diesen Stand wohl erst in späteren Leben erreichen werden. Das ist ein Aberglaube, den es zu überwinden gilt. Wir können – und sollen – über uns selbst hinauswachsen, zu höherer Bewusstheit und damit zu vollkommener Herrschaft über Leib und Leben gelangen!

Der Weg dazu führt, wie gesagt, über das meditative Schweigen. In ihm erreichen wir durch Übung und Gewöhnung höhere Bewusstseinsstufen. In der Stille geht uns auf, dass wir den Körper nicht erst abzulegen brauchen, um unseren Bewusstseinszustand zu ändern oder in den Himmel zu kommen. Das kann und soll vielmehr schon hier und jetzt geschehen. Denn der Himmel, zu dem wir sehnend aufblicken, ist jetzt und hier *in uns*. Das Reich des Geistes liegt nicht außerhalb unseres Bewusstseins, wie sich erweist, sowie wir beginnen, unsere eigenen Wesenstiefen zu ergründen. Wir erkennen uns dann so, wie wir im Geist und in der Wahrheit sind.

Unser innerstes Selbst besitzt ein unermessliches Bewusstsein kosmischer Art. Wir berühren es im Schweigen. Mit seiner Hilfe können wir lernen, mit der Herstellung des seelischen Gleichgewichts die Harmonie auch im Körper herbeizuführen und auf das Kollektivbewusstsein des Zellenstaates erneuernd einzuwirken.

In dem Maße, wie auf dem Wege des Schweigens das Ich, die Ichhaftigkeit, überwunden wird, vollzieht sich die Auferstehung des Selbst und die Neuwerdung des Menschen. Das meint die Mahnung Christi: „Wer sein (ichhaftes) Leben verliert um meinetwillen, der wird es (das göttliche Leben) finden."

Es ist der entscheidende Schritt vom Ichbewusstsein zum Überbewusstsein und zum Christusbewusstsein, durch den wir fähig werden, unser Erbe als Kinder Gottes anzutreten.

Selbst wenn wir noch nichts von der göttlichen Wirklichkeitsebene wissen, können wir doch etwas von unserer Nichterkenntnis abbauen und wegräumen, und zwar dadurch, dass wir uns immer wieder einwärts wenden und uns in Stille und Schweigen auf uns selbst besinnen. Wir gelangen dann vom Schein zum Sein und werden der höheren Wirklichkeit der geistigen Welt inne.

Dieser Prozess unterliegt wiederum dem Gesetz der Auslese. Das heißt, dass es bei uns liegt, wie weit wir auf demWege der Selbstbesinnung im Reich des Schweigens vorankommen und des schöpferischen Geistes in uns bewusst werden.

Vom Ichbewusstsein zum Überbewusstsein

„In jedem Menschenkind glimmt Christi göttlich Wesen. Gib dich ihm schweigend hin, um in ihm zu genesen!" J. F. Finck

Von der Kinderpsychologie her wissen wir, dass der Mensch während der ersten sieben Jahre mehr unterbewusst als wachbewusst lebt, dass sein Unterbewusstsein in hohem Maße Beeinflussungen zugänglich ist und eher auf feine seelisch-geistige als auf grobe, verbale Formen der Suggestion reagiert.

Deshalb wird ein Kind weniger von dem beeinflusst, was man ihm sagt als von dem, wie man ihm gegenüber denkt und fühlt. Auch wenn elterliche Differenzen nicht ausgesprochen werden, wirken sie auf die Psyche des Kindes verkrampfend und krank machend. Hier offenbart sich die telepathische Wirkung der Gedanken und Gefühle.

Andererseits können wir allein durch Schweigen harmonisierend und heilsam auf die Seele des Kindes einwirken, wenn wir uns der geistigen Verbundenheit des *Kindes in uns* mit ihr bewusst sind. Wenn wir „werden wir die Kinder", ist, wie Jesus sagt, das Himmelreich unser.

Gleiches gilt nach ihm von den „geistig Armen", die er gesegnet nennt: sie besitzen nichts außer sich selbst; aber wenn sie sich selbst haben, sind sie in Wirklichkeit die Reichsten. Das bezieht sich nicht auf das Ich, sondern auf das Überbewusstsein und das kosmische Bewusstsein, zu dem unser Ichbewusstsein sich erweitern soll und kann.

Dies *Gesetz der Selbsterweiterung durch Ichentäußerung* gilt auf allen Stufen der menschlichen Evolution. Der geniale Mensch erlangt seine Bewusstseinsweitung durch unmerkliche Überwindung der Ichhaftigkeit. Alle Großen der Menschheit sind dafür leuchtende Beispiele.

Den genialen Menschen kann das ichhafte Denken des Durchschnittsmenschen und seine Abhängigkeit von der Meinung der

Umwelt nicht befriedigen; er lebt aus dem Geist und schöpft seine Inspiration aus dem Überbewusstsein. Er ist mehr oder minder innig mit seinem innersten Selbst verbunden und lässt sich von ihm leiten. Gleiches gilt vom *Geistmenschen,* der aus seinem innersten Selbst lebt. Er ist weitgehend frei von der Alltagsgebundenheit. Er hat die Forderung des Apostels (Eph. 4,23 f.) erfüllt: „Erneuert euch im Geiste eures Gemüts und ziehet den neuen Menschen an, der nach Gott geschaffen ist in Gerechtigkeit und Heiligkeit." Das bedeutet die Loslösung von der vom Ichbewusstsein geschaffenen Welt der Widersprüche und Wirrnisse.

In dem Maße, wie der Mensch zur Erkenntnis seines inneren göttlichen Wesenskerns, seines überbewussten *Selbst,* gelangt, wendet sich sein Verlangen von den physischen zu den psychischen und weiter aufwärts zu den spirituellen Lebensäußerungen. Und mit jedem Schritt aufwärts findet eine weitere Durchlichtung und Erneuerung von Leib und Leben statt.

Diese Erneuerung von innen kann nicht durch die „Sünden" oder Irrtümer unserer Vergangenheit gehemmt oder verhindert werden. Wir wachsen über uns selbst und damit auch über unsere Vergangenheit hinaus und leben immer bewusster in der Gegenwart – und das heißt: im ewigen Jetzt.

Mehr und mehr schwinden die alten Vorstellungen von Gott und der Welt, bis das Ichbewusstsein ganz vom Über- und Allbewusstsein beherrscht und geleitet wird. Im gleichen Maße wandelt sich für den Menschen auch das Bewusstsein der Welt. Denn er erkennt sich immer mehr als Geist und wird sich des Reiches Gottes in sich bewusst.

Dieser göttliche Bereich ist unser Allerinnerstes. Wenn das einmal voll erkannt ist, werden Innen und Außen eins. Dann entfaltet sich unser unbeschränktes Vermögen, von innen her zu empfangen und nach außen hin zu geben.

Diesen Weg vom Ichbewusstsein zum Über- und Allbewusstsein betreten wir im Schweigen. Und je stärker sich dabei unser Glaube entfaltet, desto mehr Wunder wird unser göttliches Selbst wirken.

Wenn wir so weit gelangt sind, wissen wir auch, dass das bloße Ablegen des Körperkleides, das wir Tod nennen, zu keiner Wiedergeburt der Seele führt. Sie behält die Reifestufe, die sie bis dahin erlangt hatte. Zunächst verfällt sie in einen Zustand der Unbewusstheit, der tiefer ist als Schlaf und Trance. Und sie erlangt das Geistbewusstsein auf ihrer weiteren Wanderung nur so weit, als sie es schon hier, während ihrer Verkörperung, errungen hatte.

Das ist eine Mahnung an uns, unsere ganze Kraft dem Fortschritt und Aufstieg vom Ichbewusstsein zum Geist- und Christus-Bewusstsein hier und jetzt, während unseres Erdendaseins, zu widmen – in häufigen Übungen schweigender meditativer Selbstbesinnung.

Macht der Gedanken und Worte

„Gott-Schöpfers Macht und Kraft, die sollst auch du besitzen: in steter Schöpfung stehn, in stetem Schweigen sitzen." J. F. Finck

Immer wieder mahnt uns das innere Wort: „Sei stille und erkenne, dass ich, Gott, bin!" (Ps. 46,11). Dieser Forderung gehorchen wir, wenn wir uns im Schweigen und in der meditativen Selbst-Besinnung üben.

Das bedeutet, wie wir sahen, dass wir dem ichhaften Denken Einhalt gebieten und es zum Schweigen bringen. Da inneres Stillesein die Voraussetzung rechter Gott-Erkenntnis ist, muss der Lärm, den das Ichbewusstsein unablässig erzeugt, verstummen. Das gierhaft geschäftige Treiben und der Gedankentrubel müssen dem *Lassen* weichen, dem stillen Gelassenwerden.

Wir müssen lernen, die Bewusstseinsfunktionen der Wahrnehmung, der Aufmerksamkeit, der Unterscheidung, der Assoziation, des Gedächtnisses, der Phantasie oder Einbildung, des Empfindens und Wollens, die wiederum die entsprechenden körperlichen Aktivitäten auslösen, bewusst abzuschalten, indem wir ihnen die Energie entziehen, uns von den Sinnen weg nach innen zurückziehen und uns dem friedevollen Schweigen des Innern überlassen.

Es ist eine Frage der Übung, bis es uns gelingt, das Blickfeld des Bewusstseins so abzudunkeln, dass keine Vorstellungen des Ich mehr wahrgenommen werden und allein das Gefühl schweigenden Einsseins mit unserem Selbst uns erfüllt.

Je mehr wir das üben, desto rascher sterben die alten Denkneigungen und Bewusstseinsabläufe aus Mangel an Nahrung und Kraftzufuhr ab. Wir richten uns dann zunehmend bewusster nach dem Willen und den Intuitionen des Selbst. Die Sinne hören auf, uns zu beunruhigen und zu täuschen. Unser Geistbewusstsein wächst in eben dem Maße, wie das niedere Ichbewusstsein verblasst. Der Wandel, der sich dabei in uns vollzieht, wird an unserer wachsenden Macht über Leib und Leben erkennbar.

Wir können diesen Prozess fördern durch rechte Nutzung der Verwirklichungskraft unserer Gedanken und durch die Meditation über Bejahungen oder Worte, die wir durch beharrliche Wiederholung dem Unbewussten als Tat-Impulse einprägen.

Das Unbewusste befolgte ja auch bisher jeden gefühlsbetonten Gedankenwink, wenn auch den ihm eingeflößten zumeist negativen Gedanken und Gefühlen gemäß in für uns nachteiliger, unerwünschter Richtung. Wir ließen uns bisher ja sogar, ohne es zu merken, von den Gedanken und Gefühlen anderer missleiten.

Die meisten ahnen nicht, wie wenig sie eigentlich ihr Bewusstsein und ihren Körper beherrschen, wie weitgehend sie Fremdsuggestionen folgen. Es dauert oft lange, bis sie zur Einsicht kommen und die Kunst der Selbstbeherrschung erlernen.

Jesus erkannte das und hörte auf, sich mit seinem menschlichen Erbteil zu identifizieren und sich von ihm bestimmen zu lassen. Er gelangte zur Erkenntnis seines göttlichen Selbst und seines Einsseins mit dem All-Vater.

Wir sind gleichen Wesens wie Jesus und wie er Erben und Träger des kosmisch-göttlichen Bewusstseins. Wir müssen nur lernen, wie er aus dem Geiste zu leben und durch den Christus in uns mit dem All-Vater eins zu werden.

Wir müssen lernen, unser noch latentes All- und Gottbewusstsein zu entfalten. Dazu verhilft uns die Gewöhnung an das schweigende Verweilen in der Stille des Innern und an die rechte Anwendung der Macht der Gedanken und des Worts in Form von Bejahungen.

Das bedeutet die Besinnung auf die Tatsache, dass nicht die äußere Buchstaben- und Lautfolge, sondern der *Geist des Worts* Kraft ist und Wandlungen bewirkt. Darauf zielt die Mahnung des Johannes-Evangeliums: ‚Am Anfang war das Wort, und das Wort war bei Gott, und Gott war das Wort."

Christus in uns ist das Wort: „In ihm ist das Leben"; er ist „das Licht der Menschen, das in der Finsternis scheint." Dieses Wort ist in jedem von uns „Fleisch geworden und wohnt unter uns, und wir sehen seine Herrlichkeit als die des Sohnes Gottes", der in uns ist, der wir unserem innersten Wesen nach sind.

Das weist uns auf die *Verantwortung des Worts hin:*
Jedes Mal, wenn wir „Ich bin ..." sagen, entfesseln wir die magische Kraft des Worts – im Guten oder im Bösen. Unsere Fortschritte sind wie unsere Leiden und Heilwerdungen Wirkungen unserer Worte – einerlei, ob wir sie äußerten oder nur als Gedanken in unserem Herzen bewegten und innerlich sprechen. Leib und Leben und alle Umstände unseres Daseins sind, wie wir schon sahen, Produkte unseres Denkens und unserer Verlautbarungen. Wir sind unsere eigenen Schöpfer und unsere eigenen Richter. Unsere Erscheinung wie unser Leben ist Zeugnis dafür, wie wir mit unseren „Pfunden" – den uns verliehenen Gaben des Geistes – gewuchert, zu welchen Zwecken wir die Kräfte angewandt haben, die uns verliehen wurden.

Unsere Sprache verrät die Art der Gedankenformen, die wir hegen und ausstrahlen. Im Klang der Worte werden die unterbewussten Strömungen und Strebungen vernehmbar, die unmittelbar auf das Unterbewusstsein derer einwirken, die unsere Worte hören. Die enge Verbindung von Gehör und Unterbewusstsein erklärt, warum Tiere, Kinder und viele Frauen mündlichen Suggestionen so leicht zugänglich sind, warum so viele Menschen kränkeln und leiden, auch wenn sie sich keiner negativen Suggestionen bewusst sind ...

... Sie sehen noch nicht, wie sehr jedes negative Wort, jeder negative Gedanke und Gefühlsimpuls sich im Körper hemmend, spannend, störend auswirkt, seine Immunität herabsetzt und seine Anfälligkeit für Krankheiten erhöht, von der gleich nachteiligen Wirkung auf die Umwelt hier ganz abgesehen.

Je mehr wir die Macht der Gedanken und Worte durch Bejahungen positiv einzusetzen lernen, desto deutlicher geht uns auf, wie wenig wir diese Kraft bisher beherrschten, wie weitgehend wir uns von Suggestionen der Umwelt beeinflussen ließen, sei es durch die Art, wie die Leute uns ansehen, durch den Tonfall ihrer Worte, sei es durch ihre unausgesprochenen uns betreffenden Gedanken und Gefühle.

... Unser Unterbewusstsein wird ständig von Gedanken- und Gefühlsimpulsen anderer Menschen überrieselt, wie auch wir unsere Umwelt in gleicher Weise laufend beeinflussen. Aber wie wenige tun das bewusst, indem sie segensreiche Worte der Wahrheit, der Sympathie, der Liebe denken und aussprechen?

Wie eingefleischt ist die Gewohnheit, mit anderen über Krankheiten und deren Behandlungsarten zu sprechen. Wie unfreundlich erscheint es, den Krankheiten der Nachbarn keine Teilnahme entgegenzubringen. Unbewusst konzentrieren wir unsere Aufmerksamkeit dadurch fortlaufend auf Dinge, die wir schon in Gedanken meiden sollten.

Wenn uns all das bewusst wird, mögen wir uns zweifelnd fragen, wie wir je Herr über Leib und Leben werden sollen. Nun, wir können es werden, wenn wir die Kunst des Schweigens erlernen und damit beginnen, die Kraft der Gedanken und Wünsche bewusst nur noch in positiver Richtung zu betätigen: durch Bejahungen des Guten.

Es gilt, das Bild unseres wahren göttlichen Wesens fest zu halten, damit wir uns ihm zunehmend annähern. Wir müssen an die machtvolle Überlegenheit unseres Selbst glauben und durch die bejahenden Worte, die wir gebrauchen, ein neues Bewusstsein in uns schaffen, unser Bewusstsein spiritualisieren.

Wer sucht, der findet. Wer sich bemüht, negative Gedanken aus seinem Bewusstsein und negative Worte aus seinem Sprachschatz auszuschließen, einfach, indem er positive Gedanken und Worte an deren Stelle setzt, der wird bald den Fortschritt und die segensreichen Wandlungen spüren.

Und schließlich wird es ihm unmöglich, Negatives zu denken, zu fühlen und auszusprechen, weil er weiß, dass es seinem Wesen ungemäß ist. Er wird immer bewusster durch positive Gedanken und Worte seine schöpferischen Kräfte ansprechen und aktivieren – durch Worte wie Geist, Licht, Leben, Liebe, Kraft, Güte, Mut, Wahrheit, Weisheit, Gerechtigkeit, Vollkommenheit.

Schon der Klang dieser Worte neutralisiert negative Schwingungen und Tendenzen und weckt positive schöpferische Potenzen.

Dabei wird er weiter entdecken, wie sehr die Klangform, der geisterfüllte Ton und der Rhythmus – die rhythmische Wiederholung der Worte – vom Unbewussten her Kraft weckend und steuernd wirken. Das ist besonders deutlich spürbar bei den Gedanken und Worten, die den *Heilmeditationen* zugrundegelegt werden. Man spürt, wie der rhythmische Gebrauch seelische Kraftquellen zum Fließen bringt, weil das Unbewusste auf rhythmische Impulse in besonders starkem Maße anspricht. Dies umso rascher, je einfacher die rhythmische Wiederholung eines Wortes oder einer Bejahung ist, und noch mehr, wenn sie mit bewusstem Atmen verbunden wird, bei dem man zugleich auf den geistigen Klang der Worte innerlich lauscht und ihn auf sich einwirken lässt.

Wenn so das Gesamtbewusstsein von positiven Gedankenimpulsen, vom Geist bejahender Worte erfüllt ist, wird man seelisch wie körperlich immun gegen jede Art negativer Einwirkungen von außen her. Man weiß sich dann unter dem Schutz der höchsten Macht, die es im Universum gibt: in der Geborgenheit der göttlichen Liebe.

Geheimnis der Kraft

„Gott ist die Ruhe selbst und nichts kann ihn bewegen. Wärst du desgleichen auch, es wär' dir reichster Segen." J. F. Finck

Über *Kraft* im physikalischen Sinne und ihren rechten Einsatz wissen die meisten sehr viel. Aber das Geheimnis der *geistigen Kraft* ist nur wenigen bekannt. Für diese Wenigen ist Kraft gleich bedeutend mit Licht, Erkenntnis, Wahrheit, Frieden, Freude, Freiheit, Güte, Vollkommenheit und anderen Aspekten des göttlichen Wesens.

Zur Erkenntnis und Entfaltung der geistigen Kraft gelangen wir auf dem Wege der Selbsterkenntnis und Selbstverwirklichung, die viele aus Nichterkenntnis in diesem Leben für unerreichbar halten, weil dieser Prozess der Selbstentfaltung sich jenseits des Ichbewusstseins vollzieht. Er ist vom ichhaften Wollen ebenso wenig lenkbar wie der Prozess körperlicher Erneuerung durch den Geist. Der ichhafte Wille vermag nicht eine einzige Zelle des Körpers zu schaffen.

Was der Mensch bewusst dazu tun kann, ist lediglich, dass er sich für den Aufstrom der Kraft des Geistes schweigend offen hält und in der Meditation um sie bittet. Das setzt Entspannung und Gelassenheit voraus, was wiederum bedeutet, dass man sich nicht mehr gegen irgendetwas stemmt oder wehrt, gegen Missgefühle oder Missstände in Umwelt und Leben. Es erfordert, dass man alles in und um einen herum als von einem selbst aus Unwissenheit herbeigezogen oder gewirkt erkennt und dessen Wandlung der göttlichen Innenkraft gläubig-vertrauend anheim stellt.

Wenn wir etwas anders wünschen, als es ist, müssen wir von Verneinung, Ablehnung und Abwehr wie von Groll und Hass umschalten auf Bejahung des Besseren, Positiven, Guten, um so ein neues mit der geistigen Wirklichkeit in Einklang stehendes Bewusstsein zu entwickeln.

Wir müssen unsere Aufmerksamkeit, die uns ja erst an leidige Dinge und Umstände bindet, von allem Negativen abwenden

und lösen. Denn solange unsere Gedanken und Gefühle auf Unstimmigkeiten, Unerfreulichkeiten, Unvollkommenheiten in Leib
und Leben gerichtet sind, sind wir an unsere Ichheit gefesselt und
unser wahres Selbst – unser Christus-Selbst – kann nicht in uns
Gestalt gewinnen und uns durch Entfaltung und Offenbarung
seiner Macht von Grund auf erneuern.

Der sichere Weg zur Kraftgewinnung ist der des Schweigens.

Hier mag einer einwenden, dass das Schweigen den Menschen
selbstsüchtig machen könne, da es ihn gegen die Leiden der
anderen unempfindlich mache, dass er dabei nur an das Heil der
eigenen Seele denke, während Jesus Christus doch umherging,
um Gutes zu tun und Kranke zu heilen.

Dem, der so denkt, fehlt noch die Einsicht, dass, wenn wir
anderen wirksam helfen wollen, wir zuerst uns selbst geholfen
haben und zu dem Zweck zur Selbsterkenntnis und zum inneren
Licht gefunden haben müssen. Mit geschlossenen Augen kann
man keine Blinden führen.

Jesus ging umher und wirkte Wunder der Wandlung und
Heilung, weil er wusste, wie sie gewirkt werden müssen, weil er
die *Kraft* beherrschte, die das Gute hervorbringt. Wenn wir diese
Kraft meistern, sind wir wie er bereit und fähig, in uns und um
uns herum segensreiche Wandlungen auszulösen.

Vorher aber müssen wir, wie gesagt, still werden und stillehalten und andere solange in Ruhe lassen, bis wir mit uns selbst und
unseren Schwierigkeiten fertiggeworden sind. Ist das erreicht,
können wir auch anderen helfen, ihrerseits sich, Leib und Leben
zu meistern.

Was allem Helfen vorausgehen muss, ist die eigene Heilung
an Leib und Leben. Erst dann können wir anderen helfen, soweit
sie an diese Hilfe *glauben*. Auch das ist unerlässlich. Auch Jesus
konnte nur jene heilen, die an ihn glaubten und damit für das
Wirken der heilenden Kraft empfänglich wurden.

Auf unsere Sorge und Frage, *wie* wir denn anderen helfen
können, antwortet Christus in uns: Was fragst du dein Ich? Folge *mir* nach! Erkenne mich in dir! Geschieht das, dann hast du
auch die Kraft und die Einsicht, anderen recht zu helfen, indem

du *mich* in ihnen ansprichst, damit sie zum Christusbewusstsein erwachen!

Wer Arzt werden will, um Kranken beizustehen, begnügt sich nicht mit dem Mitgefühl, sondern studiert Medizin, um praktisch helfen zu können. Er entzieht sich ihnen zunächst, um ihnen nachher umso besser dienen zu können. Und er denkt, solange er studiert, nur an seine Aufgabe und an die Entfaltung seines Hilfevermögens.

Wenn das schon allgemein für das Leben im Alltag unerlässlich ist, um wie viel mehr dann für die Erreichung des hohen Zieles, die göttliche Kraft zum Wirken zu bringen. Wer heilen will, muss zuerst selbst heil sein. Und dieser Wandlungsprozess erfordert eine Disziplin der Gedanken, der Gefühle und des Willens, die strenger ist als die zur Erreichung weltlichen Wissens und Könnens.

Hier meinen nun manche, dass sie das Schweigen, das hier als Voraussetzung der inneren Höherentwicklung und Kraftentfaltung aufgezeigt wird, am ehesten in mönchischer Abgeschiedenheit üben und verwirklichen könnten. Das ist ein Irrtum. Der Weg der neuen Mystik geht dahin, dass wir nicht vor der Welt davonlaufen, sondern ihr ins Antlitz sehen. Wir üben Schweigen und Meditation am wirksamsten mitten im Alltag. Wir schließen die Welt von unserem Schweigen nicht aus, sondern tragen das Schweigen in die Welt hinein.

Das mag anfangs nur eine Minute lang möglich sein. Aber durch Übung lernen wir, den Machtbereich des Schweigens auszudehnen und zu erreichen, dass wir in den Zeiten des Schweigens an Kräften und Inspirationen gewinnen, die sich in der Welt Segen bringend auswirken.

Schweigen, Meditation und Kontemplation sind die eine Seite der neuen Mystik. Das positive Wirkenlassen der gewonnenen Kräfte und Erkenntnisse zum Segen der Umwelt ist die andere Seite. Nur Anfänger bedauern, dass sie nicht täglich viele Stunden oder ihre ganze Zeit der Meditation widmen können. Sie übersehen, dass wir nicht nur einatmen, sondern gleichermaßen ausatmen müssen. Eben der Wechsel von Ruhe und Kraftsammlung einerseits und heilbringendem Wirken andererseits führt, wenn er uns zur Gewohnheit geworden ist, dazu, dass wir von der im Schweigen gewonnenen geistigen Kraft immer machtvoller durchpulst, erfüllt und verwandelt werden.

Diese geistige Erneuerung unserer selbst und unseres Lebens – und im weiteren unserer Umwelt – vollzieht sich ebenso unbewusst wie die ständige Erneuerung der Zellen unseres Körpers. Und ebenso, wie wir die leibliche Erneuerung durch den tätigen Gebrauch unseres Körpers erproben und bekräftigen, müssen wir unsere geistige Höherentwicklung Stufe um Stufe durch die immer erfolgreichere Meisterung unserer Angelegenheiten bezeugen und bewähren.

Die Geschwindigkeit unseres Fortschritts hängt von der Energie, Intensität und Stetigkeit unserer Übung ab. Wir werden nicht weit kommen, wenn wir Schweigeübungen verschieben, bis wir uns dafür „aufgelegt" oder ruhig genug fühlen. Wir müssen von uns aus dafür sorgen, dass nichts Äußeres uns stören und abhalten kann, und lernen, uns bewusst immer wieder allem zu entziehen, was dem Göttlichen in uns ungemäß ist – bis uns diese Haltung inneren Gesammelt- und Überlegenseins zur Gewohnheit geworden ist.

Wir machen es richtig, wenn uns in wachsendem Maße bewusst wird, dass wir den Gesetzen der Sinnenwelt nicht mehr untertan sind, dass wir, weil göttlichen Wesens, zur Herrschaft über Leib und Leben fähig sind, dass wir nicht mehr von außen bestimmt werden, sondern uns selbst von innen her bestimmen.

Unser gegenwärtiges Dasein trägt alle Möglichkeiten des Reiches Gottes in sich. Die Vollkommenheit gehört allen und ist jedem, der entschlossen ist, an ihr teilzunehmen, erreichbar.

Segen des Glaubens

„Ich will nur, was Gott will, – mein Wille, der soll schweigen. So weist mir Gott den Weg, wie ich ihm werde eigen." J. F Finck

Wenn es ein Wort gibt, mit dem wir die Kraft des Geistes zum Wirken bringen können, so ist es das Wort *Glaube*. Die meisten verbinden damit allerdings noch den unzulänglichen Begriff des Fürwahrhaltens, während Glaube in Wirklichkeit ein inneres Gewisssein ist, ein intuitives Gewiss- und Wahrmachen. Der Glaube wähnt nicht, vermutet nicht, hofft nicht, sondern weiß. Glaube ist die Erkenntnisweise unseres tieferen, verborgenen Überbewusstseins, das uns befähigt, das Geheimnis der Schöpfung zu verstehen. Glaube ist „die gewisse Zuversicht dessen, das man erhofft und ein Nichtzweifeln an dem, das man nicht sieht" (Hebr. 11,1). Er ist die Kraft der Verwirklichung, die durch die feste Überzeugung aktiviert wird. Überzeugung meint eine geistige Zeugung, die zu physischer Wirklichkeit führt.

Wir alle wenden diese schöpferische Kraft täglich an, auch wenn wir sie nicht so nennen. Wenn ein Wunschgedanke uns stark bewegt, mag das Gefühl uns überkommen, dass er sich erfüllen wird, wie es dann auch geschieht, weil der Wunsch die Verwirklichungskraft des Glaubens aufrief.

Die innere Vorstellung des Gewünschten wandelte sich in gläubige Bejahung, die als geistige Vorwegnahme des Ersehnten die physische Realisierung auslöste.

Der Glaube führt zu einer Weitung des Bewusstseins, auf die wir an sich angelegt sind. Er verfeinert unser Erkenntnisvermögen, so dass wir der größeren Wirklichkeit und der Geistigkeit des Lebens innewerden. Und im Einklang mit dem schöpferischen Prinzip des Lebens lernen wir die Heilkraft des Glaubens zu betätigen.

Um das zu verdeutlichen, wollen wir uns die drei Wege der Heilung bewusst machen: da ist der Weg der *nur-körperlichen Heilung* durch äußere Behandlungen und Mittel, dann der *der seelischen Heilung* durch suggestive Einwirkung auf die Einbildungskraft und den Heilwillen des Leidenden, und schließlich der der *geistigen Heilung* durch Aktivierung der Wandlungskraft des Glaubens und der Macht des göttlichen Selbst.

Bei der geistigen Heilung hängt alles davon ab, wie weit einer zur inneren Wiedergeburt gelangt und sich der göttlichen Heilkraft bewusst ist und wie weit er sie durch seinen Glauben zum Wirken bringt.

Das körperliche Heilverfahren wendet sich gegen das Erscheinungsbild des Körpers und seiner Leiden. Doch auch wenn es von suggestiven Beeinflussungen begleitet wird, wandelt es selten das geistige Äquivalent: die innere Disharmonie, die spirituellen Ursachen leibseelischer Unstimmigkeiten und Leiden.

Auch wenn der Arzt etwa dem Leidenden suggeriert: „Trinke das, das wird dir gut tun!" oder „Das wird dich gesund machen!" hängt der Erfolg letztlich doch davon ab, wie weit dadurch der Heilglaube des Kranken angesprochen und seine Heilungsbereitschaft aktiviert wird. Der bloße Wunsch oder die Hoffnung auf Genesung genügt hier ebenso wenig wie die Anpreisungen der Heilmittel, die den ersehnten Erfolg versprechen.

Aus alledem ergibt sich eines: woran wir glauben, das tut uns gut. Letztlich ist jede Heilung im leibseelischen Bereich eine Heilung durch den Glauben, wobei es keine Rolle spielt, woran man glaubt. Das ist leicht erklärbar, weil es ja auch der Glaube – der negative, furchtbetonte Falschglaube – war, der die Krankheit begünstigte oder auslöste ...

Glaube im Alltagssinn ist ein wach- oder unterbewusster Zustand der Beeinflussbarkeit durch eigene und fremde Gedanken- und Gefühlsimpulse. Glaube im höheren Sinne ist ein Innewerden der Wahrheit, dass die Macht in uns größer ist als alle äußeren Mittel und Methoden, Dinge und Bedingungen.

Der Segen und die Heilkraft des Glaubens entfalten sich in dem Maße, wie wir erkennen, dass nichts Äußeres uns bestimmen, kränken, krank machen kann, wenn wir uns unseres inneren Einsseins und damit unseres Heilseins von innen her bewusst sind. Ist diese Heilgewissheit in uns lebendig, können ihm entgegen stehende Gedanken und Empfindungen uns nicht mehr beherrschen.

Dazu bedarf es allerdings täglicher Übung, wie wir ja jede Fähigkeit, die wir meistern wollen, durch Übung erwerben müssen. Wir werden dabei entdecken, dass die ständige Betätigung der geistigen Kräfte diese nicht ermüdet, sondern steigert.

Einstweilen ist selbst der vitalste, aktivste Kraftprotz ein lebender Leichnam im Vergleich zu dem, was er wäre, wenn ihm seine geistige Kraft und Überlegenheit bewusst würde.

Wir sollen und können jetzt und hier, in diesem Dasein, zur Auferstehung, zum Selbstsein und zum vollen Leben aus dem Geiste gelangen, das mit dem Bewusstsein der Unvergänglichkeit unseres innersten Wesens verbunden ist. Wenn wir so weit sind, wird uns der Gedanke, von äußeren Mitteln, Methoden und Umständen hinsichtlich unseres Wohlergehens abhängig zu sein, absurd erscheinen, sind wir doch Träger und Eigner jener geistigen Kraft, die Leib und Leben schuf.

Hier könnte einer fragen, ob nicht der Wille ohne die gläubige Hinwendung zur inneren Heilkraft gleiche Erfolge bewirken könnte. Nun, der Wille kann wohl ein Schmerzgefühl niederhalten, aber nicht das Gewisssein des Heilseins von innen her erwecken. Das Geringere kann nicht das Größere bestimmen und lenken, der Ichwille nicht die Herrschaft über den Geist und das göttliche Bewusstsein gewinnen.

Wer sich mit geistiger Heilung befasst, ist oft erstaunt über die Schnelligkeit des Heilungsablaufs im Vergleich zur Langsamkeit der von außen her angeregten Heilungsvorgänge. So führte z. B. das Anhören eines Vortrags von mir zur spontanen Heilung des lebenslangen qualvollen Augenleidens eines Hörers. Die Heilung blieb dauernd, während er vorher jahrelang mehrmals in der Woche vergeblich behandelt worden war ...

... Diese Heilung konnte geschehen, weil das Auge der Seele sich für die größere Wirklichkeit öffnete und der entfesselte Heilglaube das Übel an der Wurzel packte und ausrottete. Wahre Gesundheit muss eintreten, wenn einer sich seines geistigen Wesens bewusst wird.

Ehe wir den Grund für die Errichtung des neuen Geist- und Gottbewusstseins legen können, muss der Schutt des alten Aber-

und Kleinglaubens weggeräumt werden. Und wenn dann das neue Haus so weit errichtet ist, dass wir im innersten Raum schweigend zu meditieren vermögen, werden wir der Heilwerdung durch das Einssein mit der göttlichen Lebenskraft teilhaftig.

Mit anderen Worten: jede geistige Heilung setzt eine bestimmte Bewusstseinslage und Glaubenshaltung voraus, in der die in der Tiefe der Seele schlummernden Heilkräfte aufströmen und sich auswirken können.

Schweige- und Meditationsübungen, in denen wir uns der göttlichen Heilkraft in uns öffnen, werden unser Verständnis für sie vertiefen und uns für ihr Wirken empfänglich machen.

Solche Meditation hat nichts zu tun mit schwärmerischer Entrücktheit und Verzücktheit, bei der die Umgebung nicht mehr wahrgenommen wird. Bei der echten Meditation ist das Bewusstsein so wach wie immer, nur ist es ein stilles Wachsein, ein Zustand erhöhter geistiger Aktivität, der zugleich vollkommenes Ruhen in Gott ist. Der scheinbare Widerspruch ist dem Verstand unfassbar. Er muss erlebt werden, um begriffen zu werden.

Man kann sich im Zustand meditativen Schweigens befinden und dabei essen oder trinken, mit anderen zusammen sein und sprechen. Die anderen würden nicht entdecken, womit der Geist in Wahrheit beschäftigt ist. Andererseits kann der, der ganz aus dem Schweigen des Innern lebt, nicht umhin, auch auf jene, die mit ihm harmonisch verbunden sind, belebend, erneuernd und heilend zu wirken. Keiner kann dieses hohe Bewusstsein entfalten, ohne zugleich die Welt zu beeinflussen. An seiner meditativen Haltung nehmen alle teil, die ihm geistig verbunden und für außersinnliche Impulse ansprechbar sind. Das geschieht auch dann, wenn der Meditierende nicht bewusst an andere denkt und die Kraft seines Glaubens auf sie gerichtet hält.

Aber für Anfänger ist es gut, sich darin zu üben, in Not befindlichen Freunden durch gläubige Bejahungen ihres Heilseins zu helfen. Sie lernen so, die Macht des Schweigens und die Kraft des Glaubens zu steigern. Dabei gilt es wiederum, nicht an die Nöte oder Leiden der anderen zu denken, sondern den Blick auf ihr göttliches Selbst – *den Christus in ihnen* – zu richten und ihn als ihren inneren Helfer und Heiler zu bejahen, damit auch diese die Wahrheit der uralten Bejahung spüren: „Der Herr ist mein Heil! Er ist jetzt und allezeit in mir als mein Heiler!"

Heilkraft des Schweigens

„Was kommen muss, das kommt. Schweig' still, sei guten Mutes!
Auch wenn du's nicht begreifst, geschieht für dich nur Gutes."
J. F Finck

Das heilende Schweigen ist eine Dreiheit von Meditation, Kontemplation und Erleuchtung, in der sich das Gewisssein der Einheit von Geist, Seele und Leib heilsam auswirkt.

Diese Haltung spiegelt sich in drei Worten Jesu: in der zur Selbstbesinnung aufrufenden Frage: *„ Willst* du gesund werden?", in der weiteren Frage: *„ Glaubst* du, dass ich solches tun kann?" und in der Verheißung: „Dir geschehe nach deinem Glauben!"

Erste Voraussetzung für die Entfaltung der Heilkraft des Geistes ist der Wille, gesund zu werden. Das Zweite ist der Glaube an das angewandte Mittel oder den inneren Mittler: die heilende Christus-Kraft. Und das Dritte ist die dem Grad der Gläubigkeit entsprechende Heilwerdung.

Solange einer meint, fühlt, glaubt, dass er krank sei, fehlt es am Willen zur Heilwerdung und damit auch am Vertrauen zur Hilfe von innen. Jede ängstliche Hinwendung der Gedanken an das Kranksein oder an die Verschlimmerung eines Leidens setzt die Immunität und Vitalität herab und führt zu weiteren furchtbetonten lähmenden und krank machenden Gedankenreihen und deren Folgen.

Wir müssen uns entscheiden zwischen dem Glauben an das Kranksein oder an unser Heilsein von innen her. Der eine macht uns zum Sklaven der Umstände, der andere zum Herrn über Leib und Leben. Im Grunde wählen wir immerfort mit jedem neuen Gedanken, dem wir in uns Raum geben. Immer aufs Neue bestimmen wir unsere Zukunft durch unsere Deutung und Wertung der Gegenwart. Aber zum Glück haben wir die Freiheit, das Rechte zu wählen, die alten falschen Bewusstseinshaltungen auszumerzen und durch positive Einstellungen zu ersetzen, wenn wir es nur ernsthaft wollen.

Niemand und nichts hat Gewalt über uns, wenn wir es nicht wollen. Auch lebenslange Gewohnheiten, hinter denen ererbte Anlagen stehen mögen, können uns nicht binden, wenn wir frei sein wollen und unsere Freiwerdung gläubig bejahen. Auch der schwächste Wunsch nach dem Besseren kann durch *schweigende Wiederholung* zu vollerwachtem Heilwillen entwickelt werden.

Die *schweigende Bejahung,* von der hier die Rede ist, ist keine mechanische Funktion, die man wie einen Automaten an- oder abstellt, sondern ein dynamischer Wachstumsprozess voller Geheimnisse, den wir nur ahnen können. Unsere Fähigkeit und Kraft, das Gute schweigend als unser Eigentum willkommen zu heißen, wird durch Übung und Gewöhnung ständig erhöht.

Immer wieder sollten wir uns bewusst machen, dass wir im Grunde mit jedem Atemzug, jedem Gedanken unablässig bejahen oder verneinen, und dass es von uns abhängt, welche Richtung unser Gedankenstrom und damit unsere Entwicklung nimmt. Wir können jederzeit und in jeder Lage damit beginnen, Leib und Leben von Grund auf umzuwandeln und ein neuer Mensch zu werden. Weil dieser Prozess weithin im Unbewussten abläuft, scheint der Erfolg oft plötzlich einzutreten.

Erfahrungsgemäß aktiviert man die Heilkraft des Schweigens umso rascher, je mehr man sich die meditative Selbstbesinnung in der Stille zur Gewohnheit macht und die Hilfe von innen als selbstverständlich bejaht. Doch nützt hier die rein verstandesmäßige Bejahung wenig. Seelische Unstimmigkeiten und deren körperliche Folgeerscheinungen erweisen sich als unbeeinflussbar, wenn es an der inneren Aufgeschlossenheit und Hingabebereitschaft fehlt. Solange nützt auch die Lektüre von Büchern über geistige Heilung wenig.

Macht über Leib und Leben gewinnt nur, was wir gewohnheitsmäßig schweigend bejahen. Was wir unablässig denken und fühlen, kommt im Befinden von Seele und Körper umso rascher zum Ausdruck, je williger wir uns in schweigender Versenkung für die Auferstehung des Leibes durch die Wiedergeburt des Bewusstseins bereithalten.

Wenn wir den Träger unseres Vollkommen- und Heilseins, *Christus in uns,* erkennen und uns ihm überlassen, können die alten negativen Gedanken und Missgefühle uns nicht mehr erreichen. Wir entdecken vielmehr, wie viele negative Vorstellungen und Worte aus unserem Bewusstsein und Sprachschatz verschwinden und positiven Gedanken und Impulsen Platz machen, bis die göttliche Verheißung für uns zur Wirklichkeit wird:

„Ich bin die Auferstehung und das Leben in dir! Ich gebe dir den Frieden und die Kraft, die Freiheit und die Weisheit! Ich mache dich heil und gesund!"

Der dreifache Weg des Schweigens

„Lehr' den Gedankenstrom das atemlose Schweigen! Im Himmel, rein und licht, wird sich dir Gott dann zeigen." J. F. Finck

Auf dem Wege des heilenden Schweigens können wir drei Stufen unterscheiden: das Schweigen der Sinne, das Schweigen der Gedanken und Gefühle und das Schweigen des Verlangens und Wollens.

Erst wenn alles Ichhafte in uns schweigt, sind wir wirklich im Reich der Stille und frei von dem Wahn, dass wir bestimmte Dinge oder Umstände brauchen, um gesund und glücklich zu werden und zu bleiben. Wenn wir im Schweigen innerlich erwacht sind, brauchen wir all das nicht mehr, sondern streben dann nach Erkenntnis und Erleuchtung und nach tätiger Liebe, die kein Wesen ausschließt.

Dazu verhilft uns allein der „verborgene Gott", unser unbekanntes ewiges Christusselbst, das uns durch die Äonen vorwärts und aufwärts zog zu immer höheren Stufen der Bewusstwerdung, bis wir imstande sind, uns mit dem göttlichen Kern unseres Wesens zu einen.

Um den Christus in uns zu finden, müssen wir uns vom Ichbewusstsein lösen, indem wir uns stufenweise zum Schweigen der Sinne, der Gedanken und Gefühle, des Verlangens und Wollens erziehen und uns ganz dem höheren Bewusstsein des Selbst hingeben.

Wir schreiten dann aus dem bisherigen Dasein, das mehr ein Vegetieren war, zu *einem neuen Leben aus dem Geiste,* das zwar nach außen hin nicht plötzlich in Erscheinung tritt, aber unser Wesen und im weiteren Leib und Leben zunehmend verinnerlicht, durchgeistigt, harmonisiert und vervollkommnet.

Dieser dreifache Weg des Schweigens kann von jedem jederzeit, mitten im Alltag, betreten werden. Selbst Kasteiungen und körperliche Haltungen oder Übungen sind dazu unnötig. Der innere Weg ist so natürlich und selbstverständlich wie das Atmen.

Manchem mag es zunächst unsinnig erscheinen, wenn man ihm rät, dreimal am Tage ein paar Minuten still zu sitzen, schweigend eine Bejahung zu wiederholen und darüber nachzusinnen – etwa über das Wort „Gott". Aber um die Seele von allem ihr Ungemäßen leer zu machen, müssen wir lernen, ein einzelnes positives Wort des Lebens in den Mittelpunkt unseres Bewusstseins zu stellen und zum Gegenstand schweigender Betrachtung zu machen. Es ist nur eine Frage der Gewöhnung, bis die gesammelte Hinwendung darauf alle anderen Vorstellungen und Wahrnehmungen ausschließt und das neue Bewusstsein inneren Gesammelt- und Einsseins einem in Fleisch und Blut, in Leib und Seele übergegangen ist.

Im weiteren muss die schweigende Bejahung mehr und mehr alle unsere Tätigkeiten tagsüber begleiten, erfüllen und durchgeistigen, bis wir in jede Einzelheit unseres Lebens und Handelns das Gefühl und Gewisssein der göttlichen Gegenwart hineingetragen haben.

Das ist erreicht, wenn wir das, was wir bejahen, so vollkommen mit unserer ganzen Seele und mit allen Kräften realisiert haben, dass keine anderen Gedanken und Empfindungen uns davon ablenken können.

Gewöhnen wir uns, Worte des Lebens so oft wie möglich schweigend zu bejahen und, wo dies möglich ist, leise auszusprechen und zu wiederholen, um ihre Wirkung zu steigern. Wir tun recht, wenn wir dabei in alles, was wir denken, wollen und tun, Christus in uns hineintragen, ihn durch uns wirken und sprechen lassen, bis wir spüren, wie die Wahrheit uns frei macht.

Der Geist in uns ist mächtiger als alle Übel der Welt. Er kennt keine Sünde und macht uns in dem Maße frei, wie wir uns ihm im Schweigen hingeben und überlassen. Er befreit uns von allen Sünden und Süchten, von den Schwächen und Krankheiten des Leibes, von den Unvollkommenheiten der Seele, von Ängsten und Sorgen, Unwillen und Zorn, Gier und Hass, weil wir uns durch die Durchlichtung unseres Gemüts im Schweigen auf eine höhere Lebensstufe erhoben haben.

Bei *Anfängern* mögen sich zunächst noch Missgefühle störend bemerkbar machen wie etwa das eines unbequemen Sitzes, oder mag eine Fliege uns stören oder der Straßenlärm uns ablenken. Oder stellen sich bei der Hinwendung auf eine Bejahung lästige Nebengedanken an banale Alltagsdinge ein ... Doch all das wird von selbst zum Schweigen gebracht und verschwindet nicht durch Abwehr oder Unterdrückung, sondern weil diese negativen Impulse transmutiert werden in die positive Kraft des Schweigens.

Der in der Meditation *Fortgeschrittene* überlässt alles, was sein Schweigen stören oder unterbrechen könnte, gelassen dem Christus in ihm. Indem er nichts als die bejahte Wahrheit ergreift und festhält, wird er unangreifbar für alles, was ihr nicht entspricht. Diese Fernhaltung von allem, was nicht dem göttlichen Selbst gemäß ist, wird mit der Zeit immer leichter.

Je bewusster und beharrlicher der Übende ein Wort der Wahrheit in der Stille im Gemüt festhält, desto Leben spendender entfaltet sich und antwortet ihm die Wahrheit: der Geist des Worts. Mehr und mehr fühlt er sich in das spirituelle Leben der Erkenntnis und göttlichen Liebe hineingeboren. Er wird sich seines göttlichen Geburtsrechts bewusst und wandelt sich unmerklich zu einem neuen Menschen, der sich mit dem Christus in ihm eins weiß.

So gelangt er schrittweise aus Finsternis und Dämmerung zum Licht, aus Gebundenheit zur Freiheit, aus aller Unrast zum Frieden, aus Furcht zur Liebe, aus Krankheit zum Heilsein, aus Mangel zum Überfluss, aus Sündigkeit zur Heiligkeit und aus dem Leid der Vergänglichkeit zur Seligkeit ewigen Seins.

Meditations-Praxis

"Halte zu jeder Stund' im Schweigen dein Gemüt, damit es voll und ganz in Gottes Ruh' erblüht." J. F Finck

Das Wort „Meditation" – vom lateinischen „meditatio" – meint Nachdenken, Nachsinnen, besinnliche Überlegung, geistige Vorbereitung. Es hängt mit „medeor" – heilen – und „medius" – die Mitte, der Mittelweg, das Vermittelnde –zusammen.

Meditieren ist somit ein Heilen des Bewusstseins durch Verweilen im göttlichen Mittelpunkt des eigenen Wesens, durch besinnliches Hingerichtetsein auf die schöpferische Innenkraft.

Wir entziehen uns in der Meditation allem Äußerlichen, Sinnfälligen ebenso wie dem unablässigen Gedankenstrom, um im Frieden des Geistes wie auf einer Insel zu verharren und Kraft aus der Ruhe und Geborgenheit des Innern zu schöpfen.

Auf diese Haltung des Meditierenden zielt das Psalmwort (91,1): „Wer unter dem Schirm des Höchsten sitzt und unter dem Schatten des Allmächtigen bleibt, der spricht zu dem Herrn: Du meine Zuversicht und meine Burg!"

Praktisch ist Meditation die Kunst, in der schweigenden Bejahung eines Wortes auf den Geist des Worts zu lauschen. Es handelt sich dabei nicht um einen hirnhaften Denkprozess, weil hier die Vorstellungskraft ruht. Es ist ein Tun durch Nicht-Tun.

Demgemäß ist die nur-körperliche Ruhe eine leere Hülle im Vergleich zum Schweigen der Seele. Denn hinter der äußeren Gelassenheit kann das Innere von Angst und Sorge, Wünschen und Begierden durchwogt und aufgewühlt sein.

Auch geht es hier nicht um das Schweigen aus Trägheit, um den Scheinfrieden eines Herzens, das nie erregt oder vergiftet wurde, sondern um das Stillwerden der Gedanken und Gefühle und um das geistige Erlebnis des *Selbst-zur-Stille-Gewordenseins,* das man nicht aus Büchern erlernen kann

Die Stadien dieser Meditation gehen von der Entspannung und Sammlung über die Selbstbesinnung und Inspiration zur

Kontemplation und Erleuchtung, die nur erreicht wird, wenn unser ganzes Wesen so ausschließlich von der Wahrheit erfüllt ist, dass wir nichts als die Wahrheit schauen. Dann geht die meditatio in die *religio* über: in das beseligende Bewusstwerden des Wieder-Verbundenseins mit dem Göttlichen.

Das zu erreichen ist anfangs nicht leicht. Sobald wir versuchen, unser Gedankenleben zu beherrschen, wächst seine Unruhe, weshalb östliche Mystiker es mit einer tobenden Affenherde vergleichen. Das Vorstellungsvermögen scheint entfesselt und zügellos. Aber wenn man sich dadurch nicht beirren lässt und seine Aufmerksamkeit gelassen allen Gedankenbildern wieder und wieder entzieht, schwindet ihre Kraft im Maße der unentwegten Hinwendung auf eine einzige Bejahung.

Wohl mögen alte Denkgewohnheiten sich noch eine Weile bemerkbar machen, aber auch sie verblassen und weichen von selbst, wenn der Wille ausschließlich auf den Meditationsgedanken gerichtet ist. Die dadurch bewirkte Läuterung des Bewusstseins macht sich bald in wachsendem Maße bemerkbar: der Schwarm oberflächlicher Gedanken, der anfangs dem Stillwerden im Wege steht, wird immer dünner und weicht schließlich dem im Mittelpunkt meditativer Bejahung stehenden Gedanken oder Wort.

Es mögen Monate vergehen, bis es gelingt, mehr als eine momentane Stille im Bewusstsein zu erzeugen und festzuhalten. Aber mit jedem Augenblick der Stille bauen wir einen neuen Stein in den werdenden Tempel des Schweigens und der Selbstbeherrschung, bis schließlich unsere Gedanken und Gefühle uns ebenso willig dienen wie unsere Hände und Füße.

Je lebendiger wir uns des Vollkommenen bewusst werden, desto weniger nehmen wir das Unvollkommene wahr. Es erreicht uns nicht mehr, weil wir die innere Einheit und damit das Heil- und Ganzsein erreicht haben. Geist, Seele und Körper werden dann in der Meditation voll bewusst als Einheit erlebt.

Zu warnen ist hier davor, sich aus der Meditation in einen Zustand des Träumens und Dahindämmerns gleiten zu lassen, bei dem sich das Bewusstsein der Körperlichkeit verliert. Das kann so weit gehen, dass man dabei wie von außen auf seinen Körper hinblickt ohne ein Gefühl der Zusammengehörigkeit. Aber dieser Zustand geht, wenn man sich dabei dem Gefühl des Wohlseins überlässt, leicht in Trance über und wird dann ein Hindernis für die geistige Höherentwicklung. Darum vermeidet es der Lichtsucher, sich solchen Empfindungen der Körperfreiheit zu überlassen, weil er dadurch nur aufgehalten wird. Denn der Körper soll an den Segnungen der Meditation teilhaben und in den Prozess der Erneuerung und Heilwerdung mit einbezogen werden.

Es ist gerade das Kennzeichen der echten Meditation, dass der Übende zur Wiederherstellung seiner Kräfte nicht mehr wie früher vom Schlaf abhängig ist. Mit der Zunahme der geistigen Wachheit nimmt das Schlafbedürfnis ab. Eine Meditation von fünf Minuten erfrischt einen dann mehr als fünf Stunden Schlaf.

Die natürlichen Funktionen des Körpers unterdrücken zu wollen, führt nicht dazu, ihn zu vergeistigen. Wir verwandeln, erneuern und spiritualisieren unseren Körper nur, wenn wir ihn als Diener und Werkzeug des Geistes mit Weisheit behandeln und gebrauchen.

Eine gute Hilfe zur Herbeiführung des Einklangs der meditativen Seelenhaltung mit dem Körperbewusstsein ist die Gewöhnung an bewusstes Atmen. Dazu bedarf es keiner komplizierten Atemübungen und Körperhaltungen. Es genügt, zwanglos tief, rhythmisch und bewusst, d. h. unter Konzentration auf den Atemvorgang aus- und einzuatmen und dabei das Wort der Bejahung festzuhalten, bis wir spüren, dass der Geist des Worts uns innerlich durchpulst, wie die Luft in die Lungen einzieht und sie mit Lebenskraft erfüllt.

Mit anderen Worten: das Körperbewusstsein soll in die Meditation mit einbezogen werden. Der Körper soll als williges Werkzeug des Geistes ebenso rückhaltlos bejaht werden wie die Tatsache seiner Heilwerdung und Gesunderhaltung durch die in ihm pulsende Kraft des Geistes. Innen und Außen, Sein und Dasein sollen als Einheit erlebt werden. Wir sollen fühlen, dass das unendliche göttliche Leben Geist, Seele und Leib gleichermaßen erfüllt und durchgottet.

Alsdann erleben wir die Bedeutung des Worts: „Sei stille und erkenne, dass ich, Gott, bin!", in seiner ganzen Tiefe und Fülle: Ich Bin der Geist und das Leben, die Kraft und die Erkenntnis, Liebe und Friede, Güte und Weisheit, Freiheit und Vollkommenheit. Ich bin, der Ich Bin!

In der Meditation wird jedes Einzelne dieser positiven Worte zu einer lebendigen Kraft, je länger wir es in der Stille im innersten Bewusstsein festhalten und bejahen. Wir spüren dann immer deutlicher die Wahrheit dessen, was der Apostel Paulus mehrmals wiederholt: „Wisset ihr nicht, dass ihr Gottes Tempel seid und dass der Geist Gottes in euch wohnt?" (1. Kor. 3,16) „Wisset ihr nicht, dass euer Leib ein Tempel des heiligen Geistes ist, welcher in euch ist und welchen ihr habt von Gott? ... Darum preiset Gott in eurem Leibe *und* in eurem Geiste, welche (beide) sind Gottes!" (1. Kor. 6,19 f.)

In diesem Sinne gestalten wir unsere Übung, wenn wir uns in der Meditation auf eine Bejahung sammeln, die mit „Ich bin ..." beginnt, etwa wie diese:

Ich bin Geist und auch mein Körper ist Geist.
Ich bin Leben und allem Vergehen überlegen.
Ich bin Erkenntnis und Träger göttlicher Weisheit.
Ich bin Kraft, die alles überwindet.
Ich bin Heiligkeit und der Sünde enthoben.
Ich bin Gesundheit, die sich im Körper offenbart.
Ich bin Friede und Freude und frei von allem Bösen.
Ich bin Liebe und eins mit dem göttlichen Wesen.

Es ist gut, über jede dieser Bejahungen einzeln und wiederholt zu meditieren, ehe man zur nächsten übergeht. Man achte dabei darauf, dass man, wie hier, auch sonst negative Worte und Verneinungen vermeidet, weil die Bejahung des Positiven eine Verneinung des Negativen unnötig macht.

Diese meditativen Bejahungen im Schweigen müssen uns so in Fleisch und Blut übergehen und zur zweiten Natur werden, dass wir sie sogar im Schlaf wiederholen.

Wenn wir so weit gelangt sind, werden wir die Wahrheit der Verheißung erleben, dass „denen, die zuerst nach dem Reiche Gottes trachten, alles Übrige von selbst zufallen wird." Wir werden dann entdecken, dass unser Denken und Fühlen nicht mehr um Besitzvorstellungen in Bezug auf Wesen, Dinge oder Verhältnisse kreist, sondern ganz an die eine Aufgabe der Selbstverwirklichung und Gottunmittelbarkeit hingegeben ist, dass wir uns eins wissen mit dem Schweigen des Alls.

Für uns hat sich dann das Wort des Paulus an die Korinther (1,3,22 f.) verwirklicht: „Alles ist euer; ihr aber seid Christi, Christus aber ist Gottes."

Heilmeditationen

„Gott ist die Einsamkeit, das Schweigen und der Frieden.
Du bist mehr als Geschöpf, wenn du dich abgeschieden.
Du musst gelassen sein und schweigend stillehalten, dich selbst
so ganz verlier'n, dass Gott in dir muss walten.
Wenn deine Gottes-Seel' schweigend von allem ließ, bist du
sogleich mit Gott in einem Paradies. " J. F. Finck

Vor einem Wendepunkt seines Lebens und Schicksals steht, wer sich in den Stunden des Schweigens und der Meditation seiner Selbstverantwortung für alles, was in ihm und um ihn geschieht, bewusst wird. Sein Leben gestaltet sich von da an zu einem Abenteuer, in dem die wunderbarsten Wandlungen geschehen.

Er hat das Steuer seines Lebensschiffleins ergriffen und bestimmt von da an die Richtung seiner Fahrt. Da das Ziel dieser Fahrt die geistige Höherentwicklung im Streben nach dem Reiche Gottes ist, das er inwendig in sich weiß, leitet ihn der Geist der Wahrheit: er führt ihn in stufenweiser Erleuchtung zur Einswerdung mit der Schöpferkraft des Ewigen, die er aus sich entfaltet, damit sie auch den anderen dient.

Indem er die Aufgabe der Neugeburt aus dem Geiste erfüllt, gelangt er zur „Fleischwerdung des Worts". Das bedeutet, wie schon dargetan, dass der Körper für ihn kein Hindernis mehr auf dem Wege zum spirituellen oder Christus-Bewusstsein ist, sondern ein Hilfsmittel und Prüfstein seines in der Stille des Innern erwachten Verwirklichungsvermögens.

Da er weiß, dass alle Zustände und Abläufe in Leib und Leben Ergebnis und Ausdruck seiner bisherigen Gedanken und Gefühle sind, sucht er durch rechtes Denken, meditative Bejahung und liebevolles Handeln die äußeren Umstände und Bedingungen gemäß dem Willen Gottes in ihm umzuwandeln.

Mit der gleichen Selbstverständlichkeit, mit der er seinen Körper in ein lebendiges Spiegelbild seiner geistigen Entwicklung zu wandeln strebt, begegnet er allem, was lebt, mit

Ehrfurcht, Güte und Liebe – im Dienste der gemeinsamen Höherentwicklung.

Er strahlt auf alle Wesen um ihn die Kraft und den Frieden aus, die er in seinem eigenen Innern gefunden hat. Er erblickt in jedem Menschen ein Kind der Gottheit, dem er bereitwillig hilft, seinerseits in der Schule des Schweigens gleiche Wandlungen zu bewirken wie die großen Erleuchteten und Vollendeten der Menschheit und zu eigener unmittelbarer Wiederverbindung mit dem göttlichen Urquell zu gelangen.

Mögen die heilbringenden Meditationen über Worte der Wahrheit jeden Lichtsucher dazu verhelfen!

Gesundheit

Ich glaube an Gottes heilende Kraft in mir. Ich bejahe meine Heilwerdung als Wirkung der allmächtigen göttlichen Kraft. Ich weiß, dass mit Gottes Hilfe alles möglich ist.

Die mannigfachen Leiden und Krankheiten der Menschen haben die gleiche eine Ursache: den Mangel an Gott-Erkenntnis und Gott-Gegenwarts-Gewissheit.

Sie werden behoben durch die Erkenntnis der Wahrheit des inneren Einsseins mit dem göttlichen All-Vater, mit deren Innewerdung alle Misshelligkeiten in Leib und Leben verschwinden.

Da mein ganzes Wesen von der Wahrheit erfüllt ist, erwächst daraus von selbst seelische und leibliche Gesundung.

– Schweigen –

Mein Gesundsein ist der Prüfstein dafür, wie weit ich der göttlichen Heilkraft in mir bewusst bin.

Meinem innersten Wesen nach bin ich jetzt und immer als Träger dieser Kraft heil und gesund.

Ich heiße meine Heilwerdung von innen her willkommen. Ich danke dir, Gott in mir, für deine Liebe und Hilfe. Du bist der Urquell aller Kraft, außer dem es nichts gibt.

Heiliger Geist, heilender Geist, du bist das Leben meiner Seele und die Gesundheit meines Lebens.

– Schweigen –

Durch die Kraft Gottes in mir wird mein Körper unablässig Zelle um Zelle erneuert. Diese Erneuerung und Heilwerdung bedeutet zugleich meine Freiwerdung von Schuld und Sünde, Fehlern und Schwächen meines Charakters.

Mein innerstes Wesen strahlt Güte, Mitgefühl und Liebe aus, Vertrauen, Frieden und Freude, Wohlwollen und Gerechtigkeit.

Ich weiß mich allezeit beschützt und geleitet durch den Geist Gottes in mir!

– Schweigen –

Alle Gesundheit hat ihre Wurzel im Geist. Mein Geist ist, weil göttlichen Wesens und Träger göttlicher Kraft, Bürge meines Heilseins, Garant meiner Gesundheit.

Ich glaube an die Macht des göttlichen Geistes, der mich heil und gesund macht.

– Schweigen –

Ich weiß mich im Licht und in der Liebe Gottes alle Zeit geborgen. Mein inneres Hell-, Gut- und Heilsein ist Gottes Wille. Diesem Willen, mit dem ich mich eins weiß, überlasse ich Seele, Leib und Leben.

Die Freude des Heilseins erfüllt mein ganzes Wesen.

Gott in mir, du bist das Fundament meiner Gesundheit. Ich bin eins mit dir. In dir bin ich heil und gesund. Ich danke dir! Ich bin gesund!

Kraft

In mir ist die Kraft – Christus-Kraft, göttliche Kraft! In der Stille des Innern höre ich das Wort Gottes in mir: „Sei stille und erkenne, dass ich die Kraft in dir bin!"
Ich bin eins mit dem Willen Gottes in mir. In dieser Einheit mit Gott und seiner Kraftfülle weiß ich mich geborgen.
Keine äußere Macht kann der allmächtigen Kraft Gottes in mir widerstehen!

– Schweigen –

Im Geist und in der Wahrheit bin ich stark und unüberwindbar. Die göttliche Kraft erfüllt mein ganzes Wesen mit Frieden und Ruhe, Gewissheit und Gelassenheit.
Ich bin stark in deiner Kraft, Gott in mir, und weiß mich von deiner Weisheit geleitet.
In allem, was ich denke, erstrebe und tue, gebe ich meinem Glauben an die Kraft in mir und meinem Gewisssein der Hilfe von innen und oben freudig Ausdruck.
Die Kraft in mir ermutigt und befähigt mich, alles zu vollbringen und zu erreichen, was ich gläubig bejahe. Sie erfüllt mich mit Inspirationen, die meine Gedanken und Schritte lichtwärts leiten.
Mit jeder Meditation wächst in mir das Bewusstsein und der Geist der Kraft.

– Schweigen –

Meines ewigen Ursprungs bewusst, bejahe ich mich als Kind und Erben Gottes und der Fülle seiner Kraft.
Wie sie in Jesus Christus lebendig und wirksam war, so ist sie in mir gegenwärtig und tätig – hier und jetzt!
Mein Herz lauscht dem inneren Wort: „Ich bin Christus in dir, dein innerstes Selbst. Meine Kraft gebe ich dir!"

Ich bejahe mich als Träger seiner Kraft. Christus in mir ist das Geheimnis meiner Kraft. Was andere, Größere als ich, durch diese Kraft vollbrachten, vermag auch ich durch die Christus-Kraft in mir.

Es ist geistige, kosmische, göttliche Kraft, die die Umwertung aller Werte bewirkt. Es ist die Kraft der Überwindung, der Wiedergeburt und Auferstehung, die mich allem überlegen macht.

– Schweigen –

Meinem innersten Wesen nach bin ich Kraft, Träger göttlicher Kraft.

Es ist die Kraft des heiligen Geistes, die mich beseelt, erfüllt und durch mich wirkt. Sie offenbart sich in Leib und Leben als Schutz und Hilfe, als Weisheit und Führung, als Hort der Geborgenheit in jeder Lage – und als Gewissheit, dass alles gut, weil gottgewollt ist.

Ich danke dir, Gott, für die Freiheit und den Frieden, die Machtfülle und Allgeborgenheit, die du mir durch die Kraft des heiligen Geistes immerfort schenkst!

Glaube

Da Menschenfurcht Ausdruck und Folge mangelnden Gottvertrauens ist, bejahe und beweise ich durch mein Vertrauen zu den Menschen zugleich meinen Glauben an Gott
    Ich glaube an Gott als den allmächtigen All-Vater aller Wesen in allen Welten, in dem ich mich geborgen weiß. Und ich will ein Vorbild sein in der Liebe, im Geist und im Glauben.
    Ich sehe Gott in jedem Wesen und weiß mich durch ihn allem, was lebt, innerlich unlösbar verbunden.
    Und ich weiß, dass mir geschieht, wie ich glaube.

– Schweigen –

Ich glaube an Gott als den unendlichen Geist und die Macht des Guten in mir und über mir. Weil Gott in mir ist, führt alles, was um mich herum geschieht, zum Guten.
    Durch meinen Glauben bin ich eins mit der Allkraft Gottes in mir und lasse mich allvertrauend durch sie leiten.
    Ich bejahe das Gute im gläubigen Gewisssein, dass es geschehen wird.

– Schweigen –

Im Lauschen nach innen vernehme ich die Stimme der Stille, das Wort Christi in mir:
    „Ich bin! Ich bin immer bei dir! Meinen Frieden und meine Liebe, meinen Glauben und meine Kraft gebe ich dir!"
    Diesem Frieden und dieser Liebe, dieser Kraft überlasse ich mich mit meinem ganzen Wesen und Dasein.
    Ich stehe unerschütterlich fest, trage ich doch Panzer und Schild des Glaubens, der mich beschützt und leitet.
    Die Kraft des Glaubens macht, dass alles, was ich bejahe, sich verwirklicht und dass ich jede Lebenslage meistere. Denn keine

Macht ist größer als die Macht des Glaubens, die mich lenkt und alles neu macht.

– Schweigen –

Mächtiger als die Verwirklichungskraft der Gedanken ist das allmächtige Kraftfeld des Glaubens. Darum trage ich in alles, was ich denke und tue, die Kraft des Glaubens hinein.

Mein ganzes Wesen ist lebendiges Vertrauen in die Verheißung, dass mir geschieht nach meinem Glauben. Mein Glaube an die allmächtige göttliche Liebe und Hilfe ist unerschütterlich und allwirksam.

Da mein Glaube an die Christuskraft in mir unbegrenzt ist, vermag er alles herbeizuführen, zu heilen und zu vollbringen, was ich gläubig bejahe.

– Schweigen –

Ich glaube an die ewige Liebe und Güte Gottes, der in mir ist, und an mein ewiges Geborgensein.

Ich glaube an den Geist der Wahrheit, an die Stimme des Ewigen in mir.

Ich vertraue der schöpferischen Allmacht des Glaubens, die nichts ist als Einklang mit dem Willen Gottes in mir.

Ich glaube!

Güte

Ich glaube an die immer während, alle Wesen umfassende Güte des All-Vaters, dessen Geist in mir waltet.

Ich überlasse mich allvertrauend seiner unendlichen Güte und Hilfe, die ewig währt und reicht, so weit der Himmel ist.

Die Liebe und Güte Gottes befreit mich von Übeln und Sünden, Mängeln und Leiden.

Dem unendlichen Geist des Guten, der in mir ist, gilt meine ganze Liebe und Hingabe, mein gläubiges Vertrauen.

– Schweigen –

Durch die Güte des Ewigen weiß ich mich überall und allezeit geborgen und frei von allem, was dem göttlichen Geist in mir ungemäß ist.

Mein ganzes Wesen – Geist und Seele, Leib und Leben – ist erfüllt vom heiligen Geist der Liebe und Güte Gottes – hier und jetzt und immer!

Niemand und nichts hat Macht über mich und mein Schicksal als allein der Geist des Guten.

In jeder Lage weiß ich mich unter dem Schutz der unendlichen Liebe und Güte Gottes.

– Schweigen –

Unendliche Güte Gottes – du bist der Urgrund meines Wesens, der Quell meines Glaubens, das Fundament meiner Gesinnung und meines Handelns, durch die ich dem göttlichen Zug zum Gutsein und Guttun Ausdruck gebe.

Die unendliche Güte Gottes in mir erfüllt mein Herz mit Freude, meine Seele mit Glückseligkeit und meinen Geist mit dem Gewisssein meines Einsseins mit Gott.

In der Tiefe meines Wesens weiß ich mit absoluter Gewissheit: Alles ist gut! Denn in und hinter allem waltet und wirkt der unendliche Geist des Guten, der mich erfüllt, beschirmt und leitet.

– Schweigen –

Alle Kraft kommt aus dem Geiste. Mein Geist ist ein Funke des unendlichen Geistes des Guten und vom Willen zum Guten beseelt.

Kraft der Liebe und Güte Gottes in mir bin ich meines Schicksals Gestalter und wirke freudig dahin, dass alles, was ich denke, wünsche und tue und was ich anderen zufüge, dem Guten dient und zum Guten führt.

Güte ist Kraft, göttliche Kraft, die sich in mir und durch mich überall im Leben offenbart. Ich strahle und teile Güte und Liebe aus.

Weil in allem Gott gegenwärtig ist, ist alles gut.

Liebe

Meinem innersten Wesen nach bin ich Liebe, Freude und Glückseligkeit. Darum wende ich mich täglich im Schweigen einwärts
zum lichten Gottkern meines Selbst.

Wenn ich bejahe: „Gott ist die Liebe", bejahe ich damit zugleich mein inneres Einssein mit dem Geist der Liebe und des
Lebens. Ich weiß mich allezeit von Gott geliebt, umsorgt und
geleitet.

Ich trachte danach, jederzeit so zu denken, zu handeln und zu
leben, dass die Liebe Gottes in mir alle Wesen um mich im Geiste
der Wahrheit und Einheit mit umschließt, erfüllt und segnet.

– Schweigen –

Die Allmacht der göttlichen Liebe ist mein Trost und mein Halt.
Sie macht, dass ich allem, was im Leben geschieht, mit Liebe
begegne und mich in jeder Lage als Träger und williges Werkzeug
des Geistes der Liebe erweise.

Die Liebe ist mein Urwesen. All mein Verlangen und Streben
ist erfüllt und gelenkt von der unendlichen Liebe, mit der Gott
mich liebt und umsorgt.

Liebe ist wirkender Geist. Liebe ist Leben. Liebe ist Offenbarung der Einheit allen Lebens mit dem göttlichen Urquell.

Liebe ist heilende Kraft, die Gesundheit, Harmonie und Fülle
wirkt. Liebe ist Erkenntnis und Vollkommenheit.

– Schweigen –

Im Schweigen der Seele lausche ich der Stimme der Stille, dem
Wort Gottes in mir:

„Sei stille und erkenne, dass ich, Gott, bin! Du bist mein ge-
liebtes Kind, dessen Wohlergehen mein Wille ist!"

Was Jesus Christus künden konnte, gilt gleichermaßen für
mein göttliches Selbst: „Gleich wie mich der Vater liebt, so liebe

ich dich und alle Wesen, dass ihr euch untereinander Liebe erweiset. Meine Liebe gebe ich dir! Bleibe in meiner Liebe!"

Die Liebe, die ich Gott entgegenbringe, ist die gleiche Liebe, mit der Gott mich liebt. Im Kraftfeld dieser Liebe weiß ich mich allezeit geborgen.

– Schweigen –

Unendliche Liebe erfüllt mich und durchlichtet mein Leben.

Allwissende Liebe leitet mich zu wachsender Vollkommenheit.

Allmächtige Liebe behütet mich, löst alles Leid und wendet alle Not.

Göttliche Liebe ist das Urwesen meines Geistes, das sich in meinem Denken und Leben richtunggebend und Segen bringend offenbart.

Alles ist gut, weil in allem die göttliche Liebe waltet.

Friede

Im Schweigen der Sinne und Gedanken ruhe ich, von der Welt abgeschieden, geborgen im Reiche der Stille und des Friedens des Innern.

Die friedvolle Harmonie der Seele erfüllt mich mit immer neuer Kraft, Inspiration und Vitalität.

Gott ist ein Gott des Friedens. Es ist der unendliche Friede Gottes, darin ich in schweigendem Gelassensein verweile, in dem Verlangen und Erfüllung eins sind.

Alles in mir und um mich ruht und hat Teil am göttlichen Frieden.

– Schweigen –

Christus in mir ist der Quell friedevollen inneren Einsseins.

In der Stille des Innern vernehme ich sein Wort: „Meinen Frieden gebe ich dir. Friede sei mit dir, Friede mit Gott und den Menschen! Denn das Reich Gottes ist Gerechtigkeit und Friede!"

Der Friede des Geistes regiert in meinem Herzen und heiligt und beseligt mich durch und durch.

In diesem Frieden bin ich wacher und bewusster, lebenerfüllter und schöpferischer als im ruhelosen Trubel alltäglichen Wachseins.

– Schweigen –

Mit meinem ganzen Sein überlasse ich mich der friedevollen Stille der inneren Welt, von der die Außenwelt nichts weiß.

Ich bejahe mein Einssein mit allem, was lebt, im Geiste der Liebe und des Friedens.

In diesem Frieden empfange ich wie alle Wesen Kraft und Freiheit, Erneuerung und Heilung von Seele und Leib.

Alle meine Gedanken und Gefühle, Worte und Taten atmen und künden den Geist des Friedens, der sich zum Wohle aller um mich breitet.

Jedes Wort des Friedens, das ich spreche, ist Geist und Leben und bewirkt Einklang, Eintracht und Einssein.

– Schweigen –

Mein innerstes Wesen ist Friede, unendlicher Friede. Je williger ich mich im Schweigen einwärts wende und in den Frieden Gottes entsinke, desto vollkommener werde ich wieder geboren und zum Eigner und Spender neuen Lebens.

Im Frieden Gottes wieder geboren, erwecke ich auch in denen, die seiner bedürfen, den Frieden und die Freiheit der Kinder Gottes.

Wahrheit

Die Wahrheit ist, dass Christus in mir ist und dass ich durch ihn mit dem All-Vater eins bin.

Die Wahrheit ist, dass ich nie und nirgends allein bin, weil ich als Kind Gottes gleichen Wesens und gleichen Geistes mit ihm bin.

Die Wahrheit ist, dass ich Geist bin und als solcher unvergänglich und ewig wie die Gottheit selbst.

Die Wahrheit ist es, die mich frei macht.

– Schweigen –

In der Stille des Innern vernehme ich das göttliche Wort, das Wort der Wahrheit:

„Ich bin! Ich bin der Geist der Wahrheit und der Liebe in dir. Ich bin immer bei dir und mit dir. Glaube an mich – und ich werde dich leiten!"

Ich glaube an den Geist der Wahrheit. Er ist mein Schirm und mein Schild.

Das Licht der Wahrheit leitet mich.

Die Stimme der Wahrheit tröstet mich:

„Wer die Wahrheit tut, der kommt in das Licht!"

Die Erkenntnis der Wahrheit beseligt mich!

– Schweigen –

Christus in mir ist der Weg, die Wahrheit und das Leben.

Sein Geist heiligt alles, was ich, seinem Willen folgend, denke, spreche und wirke.

In jedem Wort der Wahrheit offenbart sich die Kraft und die Liebe Gottes.

Im Reiche der Wahrheit löst und erweitert sich meine Ichheit zur Allheit des Christus-Bewusstseins.

Sein Reich der Wahrheit und Weisheit, des Friedens und der Einheit erneuert, heiligt und erleuchtet mich und macht mich frei.

– Schweigen –

Ich glaube an die Macht und an den Sieg der Wahrheit.

Es gibt nichts Höheres als die Wahrheit. Darum suche ich mich selbst im Geiste und in der Wahrheit zu erkennen und mich als Diener der Wahrheit zu bewähren.

Durch den Geist der Wahrheit werde ich neu geboren. In dieser Wiedergeburt erkenne ich das Reich Gottes in mir als das Reich der Gerechtigkeit und Wahrheit.

Im Reich der Wahrheit gibt es weder Schuld noch Sünde; denn die Wahrheit ist allumfassende Liebe.

Im Reich der Wahrheit gibt es weder Leiden noch Vergehen; denn die Wahrheit ist Freude und ewiges Sein.

Durch die Kraft der Wahrheit bin ich hier und jetzt und immer Eigner der Freiheit der Kinder Gottes.

Geist

Meinem innersten Wesen nach bin ich Geist. Es ist Christi Geist, der mich lebendig macht.
Der Geist der Wahrheit und der Weisheit, der von Gott ausgeht, erfüllt mich. Seine Früchte sind Liebe, Friede und Freude, Gütigkeit und Gerechtigkeit.
Der Geist der Wahrheit leitet mich. Der Geist der Weisheit erleuchtet mich.

– Schweigen –

In der Abgeschiedenheit des Innern vernehme ich das Wort des Geistes des Lebens:
„Sei stille und erkenne, dass ich, Gott, bin, dass ich in dir der Geist der Wahrheit bin. Die Worte, die ich zu dir rede, sind Geist und Leben.
Ich bin ewig, und du, als mein Kind, bist es gleichermaßen.
Ich bin allmächtig, meine Kraft ist auch in dir gegenwärtig.
Ich bin allwissend; als Geist von meinem Geist hast auch du daran teil. Denn ich bin in dir und du bist in mir!"

– Schweigen –

Ich weiß, dass ich Gottes Tempel bin und dass der Geist Gottes in mir wohnt.
Er ist es, der in mir wirkt, dass ich ein Leib und ein Geist bin. Durch ihn weiß ich mich allem, was dem Geiste ungemäß ist, überlegen.
Seine Kraft macht mich stark und heil. Er inspiriert mich, das Gute zu denken und zu tun.
Ich bejahe, dass ich als Geist Träger der Fülle der göttlichen Gaben bin. Alle schöpferischen Kräfte und Fähigkeiten, die in den Größten der Menschheit erwachten, warten auch in mir auf ihre Entfaltung und Betätigung.

Ich bejahe die ganze Fülle des Lebens und lasse jeden an dem Teil haben, was mir so reichlich geschenkt wird.

– Schweigen –

Ich danke dir, Gott in mir, für den Atem des Geistes, den Odem göttlichen Bewusstseins, der mich durchpulst!

Ich danke dir für die Gaben des Geistes – die Gabe der Wahrheit und der Weisheit, der Liebe und der Freude, des Rates und der Stärke, der Erkenntnis und Erleuchtung!

Durch die Kraft deines Geistes erfreue ich mich der Gesundheit und Harmonie von Seele, Leib und Leben.

Ich folge den Eingebungen deines inneren Worts, die als Inspirationen und Intuitionen in mir aufleuchten, mich lichtwärts leiten und bewirken, dass sich alles, was mir begegnet, in Heil und Segen wandelt.

Das Leben aus dem Geiste befähigt mich, alles Gute und für alle Förderliche jederzeit zu erkennen und zu ergreifen, zu verwirklichen und dankbaren Herzens weiterzugeben.

Leben

Im Schweigen des Innern fühle ich jenseits meines äußeren Daseins das verborgene ewige innere Leben, das meinem göttlichen Selbst unverlierbar eignet und dem auch mein Körperkleid sein Leben verdankt.

Das allmächtige göttliche Leben pulst in mir als Träger und Bürge meiner Unvergänglichkeit.

Es lässt mich erkennen, dass ich vor allem Werden und nach allem Werden und Vergehen sein werde.

Unzählbare Äonen liegen hinter mir, unendliche Ewigkeiten breiten sich vor mir, die ich als Lebendiger durchschreiten werde auf meinem Wege zu immer höheren Vollendungen.

– Schweigen –

Von Urbeginn an war der Geist, Christus in mir, Quell und Licht meines Lebens.

Von Urbeginn an ertönt sein Wort in mir:

„Ich bin die Auferstehung und das Leben. Ich bin das Brot des Lebens. Die Worte, die ich zu dir rede, sind Geist und sind Leben. Meinen Geist und mein Leben gebe ich dir!"

Im Gewisssein der lebendigen Gegenwart Christi in mir folge ich willig den Worten des Lebens, die in der Stille in mir laut werden.

Ich weiß: mein Leben ist verborgen mit Christo in Gott. Durch den Christus in mir bin ich Erbe und Eigner des unendlichen Lebens, das immer höher führt.

–- Schweigen –

Ich bin eins mit dem Geist des Lebens, dessen Kraft in mir wohnt.

Denn nicht ich, die vergängliche Persönlichkeit, sondern Christus lebt in mir als mein göttliches Selbst, durch das ich Erbe des Reiches Gottes bin.

An die Stelle meiner Ichheit, des „äußeren Menschen", ist der „Herr vom Himmel" – Christus in mir getreten. Durch ihn bin ich aus dem vergänglichen Dasein des Ich zum ewigen Leben meines Selbst erwacht.

In mir wohnt die Fülle des Lebens. Leben ist ewige Gegenwart. Leben ist Offenbarung Gottes. Aller Tod ist für das Leben nur Wandlung und Weitung zu vollkommeneren Offenbarungen ewigen Seins.

–- Schweigen –

Ich weiß mich getragen und beschirmt durch das allmächtige ewige Leben Christi in mir.

Seele, Leib und Leben sehe ich vom Lichte Christi erfüllt.

Als Träger göttlichen Lebens bin ich heil und gesund.

All mein Denken, Wirken und Dasein dient dazu, das göttliche Leben in mir immer vollkommener zu offenbaren, bis ich als der Christus, der ich meinem innersten Wesen nach bin, aus dem Dasein zum ewigen Leben auferstehe: zum unendlichen Leben aus der Kraft und Fülle der Gottheit.

Erkenntnis

Im Schweigen des Innern erstrahlt in mir das Licht der Erkenntnis, das mein Gemüt stillt und meine Seele beglückt ob der Innewerdung der Göttlichkeit meines innersten Wesens, Christi in mir, durch den ich mit dem Allgeist eins bin.

Im Reich der Stille ist mein ganzes Wesen erfüllt vom Erkenntnislicht und Frieden Gottes, der höher ist als alle Vernunft, als alles menschliche Sinnen, Wähnen und Wissen.

Die unendliche Tiefe der Erkenntnis, in der alle Schätze der göttlichen Weisheit verborgen liegen, öffnet sich meinem wachen Geiste im Schweigen des Innern.

– Schweigen –

Im Lichte der Erkenntnis wird mir die Allweisheit des Geistes bewusst, die nicht die Weisheit der Welt und der Menschen ist, sondern die den Sinnen verborgene Weisheit Gottes, deren schweigendes Wirken alles zur Vollendung führt.

Wenn ich im Schweigen des Innern ganz leer, ganz zur Stille selbst geworden bin, wird das innere Wort vernehmbar, das mir Einsicht, Weisheit und Erleuchtung schenkt.

Der unendliche Quell der Gottkraft der Erkenntnis und des heiligen Geistes der Weisheit ist Christus in mir. In ihm erkenne ich mich selbst in meinem wahren Wesen als Träger göttlichen Bewusstseins.

– Schweigen –

Indem ich der Stimme Christi in mir lausche, werde ich mit einer wachsenden Fülle von Einsichten und Inspirationen beschenkt.

Darum halte ich mich allezeit offen für die Erkenntnis der Wahrheit, die mir im Maße meiner willigen Hingabe zuteil wird.

Sie ist es, die alles Dunkle aufhellt, alle Fragen beantwortet, alle Probleme löst. Durch sie habe ich teil an der Allweisheit Gottes.

Durch Erkenntnis der Wahrheit gelange ich zur Gottseligkeit. Durch Erkenntnis Gottes in mir gewinne ich Frieden und Freiheit.

In dieser Erkenntnis wachse ich über mich selbst hinaus in das unbegrenzte Reich Gottes, mit dessen Innewerdung der Umkreis meines Erkennens sich allseitig weitet und die geistige Einheit allen Lebens und Seins, aller Wesen und Welten sich mir offenbart.

– Schweigen –

Mit der Zunahme meiner Erkenntnis wächst meine Liebe und mein Wille, dem Wohl aller Wesen zu dienen.

Es ist die Liebe Christi in mir, die bewirkt, dass alle Erkenntnis, die mir geschenkt wird, sich in meinem Denken und Wollen, Verhalten und Handeln für immer mehr Wesen Segen bringend auswirkt.

Sie ist es, die mich über die Selbsterkenntnis – die Innewerdung meines Christus-Selbst – zur Erleuchtung führt: zur Gott-Erkenntnis und zum Innewerden meiner Gottunmittelbarkeit.

Heiligkeit

Ich bin und ich lebe – nicht aus meinem Ich, sondern aus meinem innersten Selbst. Insoweit bejahe ich mein Heilig- und Heilsein – nicht meiner Persönlichkeit nach, sondern in meiner unsichtbaren Individualität, meinem unvergänglichen Wesenskern.

Diesem meinem innersten Gott-Kern wende ich mich in Stille und Schweigen zu, um meiner Gott-Einheit innezuwerden.

Gott ist Geist, wie ich erkenne, wenn ich mir meiner Geistigkeit bewusst werde und Gott in mir und mich in Gott weiß.

– Schweigen –

Durch Christus in mir bin ich mit dem All-Vater eins und darum heil und heilig, licht und geheilt.

Gottes Wille ist mein Heilig- und Heilsein. Gott selbst leitet mich zu diesem hohen Ziel.

Unendliche Freude und Seligkeit erfüllt mich beim Innewerden der Heiligkeit meines innersten Wesens und Seins.

Immer mehr entwachse ich meiner Ichheit und entwerde zu mir selbst: zum Christus in mir, der in alle Ewigkeit mein Heiler und Helfer ist, bis ich ganz in ihm entworden bin.

– Schweigen –

Heute ist der Tag des Heils, der Heilung und Heiligung!

Im Schweigen offenbart sich die Stille in mir als das Allerheiligste des Tempels Gottes, der ich bin. Ich bejahe mein Einssein mit Christus in mir und vernehme sein heilbringendes Wort:

„Ich bin! Ich bin dein wahres Selbst, dein Heiler und Erlöser von Not und Leid, Sünde und Schuld.

Ich bin über alles Endliche und Vergängliche erhaben; denn ich bin ewig.

Ich bin allem Unvollkommenen fern; denn ich bin vollkommen.

Ich bin allem Zwielichtigen und Zwiespältigen unerreichbar; denn ich bin Licht und Einheit ...

Als dein Heiler und Erlöser spreche ich zu dir das Wort der Wahrheit und Freiheit: Sei geheilt!"

– Schweigen –

Mit dem Apostel bejahe ich, dass ich in meiner Leib-Seele-Einheit ein Tempel Gottes bin und dass der Geist Gottes in mir wohnt. Der Geist in mir ist heilig und heilsam, weil göttlich. Und meine Aufgabe ist es, eine vollkommene Verkörperung meines Selbst zu sein.

Je lebendiger ich der Heiligkeit und Heilkraft meines Selbst bewusst werde, desto vollkommener wird auch mein Körperkleid von ihr durchdrungen und durchlichtet, erneuert und geheilt.

Der Geist des Friedens heiligt mich durch und durch. Ich bin geheilt!

Erleuchtung

Ich folge der Mahnung der Erwachten: „Mache dich auf und werde Licht!" Wie die Sonne über mir dem Tage Licht gibt, so die innere Sonne meinem Leben.

Das Reich Gottes in mir ist ein Reich unendlichen Lichts, das alle erleuchtet, die in Lichterfülltheit in ihm wohnen.

In meinem innersten Sein bin ich Licht – Licht vom Urlicht Gottes.

In diesem Licht erkenne ich den Reichtum meines Geistes als Erbe meiner Gotteskindschaft.

– Schweigen –

Im Schweigen des Innern wird die Stimme der Stille vernehmbar, das Wort der Wahrheit:

„Ich bin! Ich bin das Licht in dir, das Ziel deiner Sehnsucht. Glaube an mich, auf dass du zur Lichtwerdung, zur Erleuchtung, zur Erlösung findest, die dir bestimmt ist!"

Ich danke dir, Christus in mir! Du bist das Licht der Welt, das Licht meines Lebens – das wahrhaftige Licht, welches alle Menschen erleuchtet, die sich im Schweigen der Sinne nach innen wenden.

Meiner Einheit mit dir bewusst, wandle ich wie die Kinder des Lichts. Mein innerstes Wesen ist durch und durch Licht. Diesem Lichte folge ich.

Gott ist Geist. Gott ist Liebe. Gott ist Licht. Erfülltsein vom Geiste Gottes ist Erleuchtung.

– Schweigen –

Im Schweigen erlebe ich die Hellwerdung von innen her.

Es ist das Licht der Einheit, in dem es weder Zweiheit noch Zwielicht gibt, weder Zweifel noch Zwiespalt und Zwietracht, weder Dunkel noch Dämmerung.

In diesem Lichte erkenne ich mich selbst als den Schöpfer meines Lebens und Schicksals. Alles, was mir begegnet, ist Anstoß zur Offenbarung meiner Lichtheit, Weisheit und Gott-Einheit. In diesem Lichte werde ich mir meines ewigen Freiseins beglückend bewusst. Diesem göttlichen Licht will ich dienen mit meinem ganzen Wesen und mit all meiner Liebe, bis ich ganz zu Licht geworden bin.

Mehr und mehr fällt alles, was meiner Lichtwerdung bis in den Körper hinein entgegensteht, als mir ungemäß von mir ab.

Das göttliche Licht in mir ist allwissende Liebe, Kraft der Auferstehung und Bürge meines ewigen Lebens.

– Schweigen –

Ich danke dir, Christus in mir, für dein Licht, das mich vom Erkennen zum Sein führt.

Frucht der Erkenntnis ist die Erleuchtung. Und Frucht der Erleuchtung ist meine Erlösung von Nichterkenntnis und Not, Sünde und Schuld, Krankheit und Leid.

Die Erleuchtung des Geistes führt zur Reinigung und Durchlichtung, Erneuerung und Heilwerdung auch des Leibes. Im Aufgang des Innenlichts wird auch mein Körper licht, heil und vollkommen.

Im Lichtwerden von innen her sehe ich meine Aufgabe: vom äußeren Christentum fortzuschreiten zum inneren Christustum.

Dies ist der letzte und höchste Sinn aller Selbstverwirklichung und Vollendung.

Wer war K. O. Schmidt?

K. O. SCHMIDT gehörte Jahrzehnte lang zu dem Kreis derer, die durch ihre Veröffentlichungen auf dem Gebiet geistigen Schrifttums in der Sprache unserer Zeit echte Lebenshilfe zu geben vermochten. In über 100 Buchtiteln in einer Auflage von ca. zwei Millionen sind seine Werke in verschiedenen Sprachen erschienen.

Der gebürtige Schleswig-Holsteiner wurde schon in frühen Jugendjahren durch seine Mitarbeit in der Neugeist-Bewegung nach Süddeutschland verschlagen. Als Stadtbibliothekar der Stadt Reutlingen ist sein Wirken Legende geworden.

So ist es auch kein Zufall, dass er in Anerkennung seines Schaffens das Bundesverdienstkreuz der Bundesrepublik Deutschland und aus der geistigen Welt der U.S.A. den Ehrendoktortitel verliehen bekam.

Der bekannte Zeitungsmann E.A. Graf zu Münster schrieb einmal über ihn:

„... still und gelassen, doch mit nie versiegender literarischer Fruchtbarkeit auf eine weit verstreute Leserschaft einwirkend, spendete K. O. Schmidt in seinen Jahr um Jahr erscheinenden Lebensbüchern Geistesfrüchte, die er nicht hastig am Wege aufgelesen, sondern in verblüffend weit umgreifenden Studien außerhalb akademischer Trampelpfade sich erarbeitete, danach für den Leser eingängig gemacht hat ... ‚Rezepte zum Überleben' wobei Überleben bei K. O. Schmidt eben nicht passives Vegetieren am Rande der Erschöpfung heißt, sondern bewusst und starkmütig gehaltener Standpunkt bedeutet."

K. O. Schmidt war ein „stiller Besessener", der aus der Weisheit Jahrtausender schöpfte und sie für den Alltag zu fassen verstand, ein spirituellerer Dolmetscher und ein aus der Erfahrung lebensnaher Beratertätigkeit eigene Gedanken entwickelnder praktischer Psychologe zugleich, der auch nach seinem Heimgang im Jahr 1977 unsterblich wurde durch seine Werke.

Weitere Lebensbücher von K. O. Schmidt:

GEDANKEN SIND WIRKENDE KRÄFTE
Anleitung zur Selbsterstarkung; 111 S.; ISBN: 978-3-920780-26-9

OHNE FURCHT LEBEN
Daseinsmeisterung durch Psycho-Elektronik, *184 Seiten*
ISBN: 978-3-920780-21-4

HEILSTRÖME UND KRAFTFELDER DES GEISTES –
Wesen und Fernwirkung der geistigen Heilkraft
(2. erweiterte Auflage, 110 Seiten); ISBN: 978-3-920780-31-3

EIN NEUES LEBEN FÜR DAS ALTE –
Von den Gegenwartssorgen zu den Erfolgen von morgen, *138 S.*
ISBN: 978-3-920780-23-8

PRENTICE MULFORD: EINER, DER ES WAGT!
Leben und Werk Prentice Mulfords, des geistigen Vaters der
modernen Psychodynamik; *424 Seiten; ISBN: 978-3-920780-30-6*

SEI GEHEILT!
Die Heilwunder Jesu auch heute möglich, *160 Seiten;*
ISBN: 978-3-920780-33-7

DER INNERE ARZT
Einführung in Wesen und Praxis der geistigen Heilung; 142 S.
ISBN: 978-3-920780-60-3

DAS GROSSE JA
Ein Wegweiser zur Selbstverwirklichung und zur Neugestaltung des
Lebens durch dynamische Mystik, *168 S. ISBN 978-3-920780-38-2*

DIE INNERE SONNE – PLOTINS LEHRE VOM EINEN
Jeder Mensch trägt den Funken des Göttlichen in sich, *138 Seiten*
ISBN: 978-3-920780-49-8

KEHRET WIEDER, MENSCHENKINDER!
Reinkarnation aus christlicher Sicht *(Leinen, 208 Seiten);*
ISBN: 978-3-920780-27-6

DER POSITIVE MENSCH
Anleitungen zur Selbsthilfe von A-Z.
2 Bände. Band I: A–M. ISBN 978-3-920780-47-4. kt, 168 Seiten
Band II: N–Z. kt, ISBN 978-3-920780-53-5. kt, 180 Seiten

Artikel von K. O. Schmidt finden Sie auch in

 Zeitschrift für dynamische Lebensgestaltung

Themenschwerpunkte: Positives Denken, Religion, Esoterik

Bücherverzeichnis und Probe-Exemplar der Zeitschrift
bitte anfordern bei:
Frick Verlag • Postfach 447 • 75104 Pforzheim
Tel. 07231-102842 – Fax 07231-357744
http://www.frickverlag.de
e-mail: info@frickverlag.de

**Frick Verlag**   **Esoterik**

Stefan von Jankovich • **Schulplanet Erde**   *2 Bände*

Wir kommen nicht von ungefähr in diese Welt – und auch wenn wir sie wieder verlassen, ist nicht „alles zu Ende". Denn: Wir leben nicht nur einmal! Alles in unserem Leben ist sinnvoll, ist Teil eines fortgesetzten Wachstumsprozesses.
Bd I „Der Mensch in der Schöpfung" ISBN 978-3-920780-63-4. kt, 274 S.
Bd II „Der Mensch im Alltag" ISBN 978-3-920780-67-2. kt, 306 Seiten

Eric Butterworth • **Im Strom des Lebens**

Glück und Lebenserfolg hängen nicht von äußeren Gegebenheiten ab – sie können durch das eigene Bewußtsein gesteuert werden! Wenn Blockaden im eigenen Denken und Fühlen abgebaut werden, öffnet sich der Zugang zum „Strom des Lebens".
ISBN 978-3-920780-56-6, kt., 174 Seiten

Hermann Bauer • **Wiedergeburt**
Glaube der Urchristen – Tabu für Kirchenchristen?

Die Lehre von der Wiedergeburt war im frühen Christentum verbreitet. Warum sah sich die Kirche durch diese Lehre so bedroht, daß sie sie um die Mitte des 6. Jahrhunderts mit einem Bannfluch belegte?
ISBN 978-3-920780-72-6; 202 Seiten

J. Sig Paulson • Lasse dein Licht leuchten

„Lasse dein Licht leuchten" ist ein „Führer zur inneren Kirche" und ein Leitfaden zur Entwicklung der inneren Quellen von Liebe, Phantasie, Autorität, Begeisterung und Weisheit – ein Ratgeber, der hilft, die Fähigkeit zur Selbstannahme und zur Annahme der Mitmenschen zu entfalten. Paulson zeigt, warum wir allen Anlaß haben, unser Licht nicht 'unter den Scheffel zu stellen'.

199 Seiten, gebunden mit Schutzumschlag, ISBN 798-3-920780-41-2

Thomas Webel • Heilen, der vergessene Auftrag Jesu ... und was wir tun können

Die ursprüngliche Botschaft Jesu ist eine Heilslehre, die den ganzheitlichen Menschen in den Mittelpunkt stellt. Das aber ist in der Lehre der Kirche weitgehend in Vergessenheit geraten. Zu oft wird der Aspekt des *liebenden* Gottes, den das Neue Testament betont, außer acht gelassen. – Thomas Webel, Pfarrer, ausgebildeter Psychotherapeut und Meditationslehrer, will mit diesem Buch zeigen, daß die christliche Utopie einer „Gemeinschaft der Heiligen", der heilen und heilenden Menschen, konkrete Wirklichkeit werden kann.

312 Seiten, ISBN 978-3-920780- 62-7

Emmet Fox • Die Bergpredigt

Dieses Buch zählt längst zu den „Klassikern" des Neuen Denkens christlicher Prägung. Fox erläutert einen der grundlegendsten Texte des Neuen Testaments und zeigt seine zeitlose Aktualität auf: Gerade auch für Menschen von heute kann „Die Bergpredigt" richtungweisend werden für ein neues Verständnis der universalen Lebensgesetze. – Eine Einführung in das metaphysische Christentum.

164 Seiten, große Schrift, ISBN 978-3-920780-17-7

James Dillet Freeman • Leben in der vierten Dimension

Es sind die glückhaften Momente des Daseins, die kleinen und großen Wunder im Alltäglichen, die James Dillet Freeman uns ins Bewußtsein rufen möchte. Freemans Essays sind wie intensive Kurzaufnahmen der Wirklichkeit. Sie lassen sich lesen wie Bildmeditationen – und wecken die Entdeckerfreude des Lesers, sich auch selbst den Dingen seines Alltags wieder mit ursprünglichem, unverstelltem Blick zu nähern.

160 Seiten, ISBN 978-3-920780-46-7